聖学院大学研究叢書 2

歴史と探求

レッシング・トレルチ・ニーバー

安酸敏眞

聖学院大学
出版会

まえがき

本書は、わたしが過去十五年間に行なった一連の研究のいわば副産物として成立した五篇の論文に、書き下ろしの序章をつけ加えて一冊の書物にしたもので、扱っている思想家や主題はまちまちであるが、一定の問題意識によって貫かれている。

わたしは学部ならびに大学院在学中に、まずは武藤一雄先生に、次に水垣　渉先生に指導を受け、それ以来この赴きを異にする二人の恩師の中心課題を結合した、「実存と歴史」という主題が畢生の課題となった。しかしいきなりこのテーマに取り組むだけの力量のなかったわたしは、まず身近なラインホールド・ニーバーを取り上げ、彼の歴史理解の分析を修士論文のテーマとして選んだ。ニーバーをはじめて知ったのは学部時代のことで、それはたまたま手にして読んだ大木英夫先生の『終末論的考察』と『終末論』を通してであった。当時まだ著者とは一面識もなかったが、わたしはそれまで読んだいかなる神学書とも違う不思議な魅力をそこに感じた。やがてこの少壮の神学者の背後にあるニーバーの存在と思想そのものが、わたしの心を強く捉えるようになっていった。このように、京都という独特の宗教哲学的伝統のある大学で、それとはまったく異質な神学的思惟との出会いが、わたしのその後の貧しい思索を方向づけることになった。

博士後期課程に進学後は、ニーバーの主著『人間の本性と定め』*The Nature and Destiny of Man* の最重要典拠ともいうべき、エルンスト・トレルチの『キリスト教会と諸集団の社会教説』*Die Soziallehren der christlichen Kirchen und Gruppen* に関心をもち、そこからトレルチの思想世界の全体をいかに解釈するかという課題が最大の関心事となった。アメリカに留学してからも、博士後期課程で芽ばえたかかる関心を追求して、その研究成果をヴァンダービルト大学の学位論文に纏めた。トレルチ研究を行なっていたある段階で、ゴットホルト・エフライム・レッシングの存在とその神学的・宗教哲学的思想に興味を抱き、やがてこれが自分の次の主要な研究テーマとなった。レッシング研究には予想外の困難が伴い（これには就職や健康、さらに家庭のいろいろな問題も加わったが）、一定の成果を上げるまでに十数年の歳月が費やされた。二年ほど前に上梓した『レッシングとドイツ啓蒙』（創文社、一九九八年）は、京都大学文学博士論文の改訂版であるが、それを執筆する過程で、今度はセバスティアン・フランクの思想とレッシングやトレルチの思想との連関が大きな関心事となり、目下は宗教改革期のこのスピリチュアリストの思想と格闘し始めている。

このようにわたしが集中的に研究している対象は、ニーバーから始まってトレルチ、レッシング、セバスティアン・フランクと徐々に古い時代に溯っているのであるが、わたしは出鱈目にいろいろな思想家の間を渡り歩いているのではない。そこには一貫した問題意識があり、また研究対象として取り上げられたこれらの思想家の間には、実に意味深長な思想史的連関がある。かかる思想史的連関をそれ自体として主題化するまでには、まだ十年くらいの集中的な研究が必要であるが、少なくともその端緒だけは確実に摑んでいるように思う。全体がもっと明瞭になってから世に問うべきかとも思ったが、断片的研究にすぎない現状のものをそのまま提示して各方面からの批判を仰ぎ、今後の研究のための足場を堅固にしておくほうが得策ではないかと考えるにいたった。

第一章「レッシングにおける真理探求の問題」は、水垣　渉先生の京都大学退官を記念して、『基督教学研究』第十八号（一九九八年）に寄稿した同名の論文に加筆したものである。『レッシングとドイツ啓蒙』上梓後に成立したこの論文は、そこにおける詳細な議論を前提としており、またある意味でそれを補完するものである。第二章

「トレルチの『わたしのテーゼ』」は、高野晃兆先生の大阪府立工業高等専門学校退官を記念して、『基督教学研究』第二十号（二〇〇一年）に寄稿した論文「トレルチとセバスティアン・フランク」を題名を変えて再録したものである。第三章「トレルチの『信仰論』」は、レッシング研究と並行して行なったトレルチの *Glaubenslehre* の翻訳作業の副産物で、「近代キリスト教思想双書」の一環として出版された『信仰論』（教文館、一九九七年）に、「解説あとがき」として付したものが基礎となっている。第四章「『ドイツ的自由』の理念の問題性」は、聖学院大学総合研究所の共同研究プロジェクト「自由の伝統の再検討」の一環として行なった研究の成果で、『聖学院大学総合研究所紀要』第十一号（一九九七年）に掲載された論文に加筆修正を施したものである。第五章「ラインホールド・ニーバーの歴史理解」は、フランシス・フクヤマの「歴史の終わり」に関する問題提起に刺激を受け、ニーバー生誕百年にあたる一九九二年に、盛岡大学比較文化研究センターの『比較文化研究年報』第四号に寄稿した論文「『歴史の終焉』についての一考察――F・フクヤマ、K・レーヴィット、R・ニーバーの歴史理解に関する比較研究――」がもとになっている。

以上の五篇を一書に収めるにあたり、「歴史と探求――レッシング、トレルチ、ニーバー――」と題する序章を新たに書き下ろした。これによって読者は、本書において中心的に論じられているレッシング、トレルチ、ニーバーの間の思想的連関を察知し、また各論文の背後にあるわたし自身の神学的・宗教哲学的思想を予感できるであろう。書名に関しては最後まで迷ったが、最終的に「歴史と探求」とすることにした。歴史の有意味性を生涯にわたって弁証し続けたニーバーから出発し、「徹底的歴史性」（radical historicality）の立場でキリスト教的真理の普遍妥当性の問題と格闘したトレルチを経て、中間時における真理の多形性を説く「真理の愛好者」レッシング、さらには「ドイツの探求者」（ein deutscher Sucher）セバスティアン・フランクにいたるわたしの研究の道程は、まさにこの書名が示すとおりの関心によって貫かれているからである。

トルソーにすぎないものを世に送ることには少なからぬ躊躇いがある。しかし上に述べたような理由で、諸賢のご批判を是非仰ぎたく、ここに謹んで提示する次第である。このような拙い論文集でも多少は学問発展に寄与するところもあろうかと思う。本書によって近代キリスト教思想史に関心をもつ人がひとりでも増えれば、著者としては望外の喜びというものである。

目次

序章　歴史と探求——レッシング、トレルチ、ニーバー——

いかなる思想家についてであれ、その思想家の思想が成立した歴史的状況や思想史的境位を把握することは、思想研究の必要条件でなければならない。われわれが本書で扱おうとしているレッシング（Gotthold Ephraim Lessing, 1729-1781）、トレルチ（Ernst Troeltsch, 1865-1923）、そしてニーバー（Reinhold Niebuhr, 1892-1971）という三人の思想家は、それぞれ十八世紀中葉、十九世紀から二十世紀初頭、そして二十世紀中葉という時代に活躍した思想家であるが、彼らが生きた過去の三世紀は西洋文化史における激変の時代であった。すなわちこの間に、「中世カトリシズム」、「ルネサンス」、「教派対立の時代」という三大局面を生き抜いてきた「宗教の時代」（Age of Religion）に終止符が打たれたが、それにとって代わった「科学の時代」（Age of Science）も、「科学革命」、「啓蒙主義」、「生成の世紀」という三段階の発展を遂げる過程で、徐々に求心力を失って迷走し始め、二十世紀になるとついに「不安の時代」（Age of Anxiety）が到来する。[1] こうした巨大な激流のような数世紀にあって、それぞれ位相を異にする思想家を同一平面上で論ずるためには、まず一定の思想史的鳥瞰と方向づけが不可欠であろう。そこでフランクリン・L・バウマーの見方を参照すれば、このアメリカの思想史家は十七世紀から二十世紀にかけての近代ヨーロッパの思想の歩みを、《存在》（Being）の範疇が《生成》（Becoming）の範疇に取って代わられる過程《プロセス》として捉えている。彼によれば、「生成」こそは近代性ないし近代精神の本質をなす主要範疇であり、近代ヨーロッパ思想史はBeingからBecomingへと至る一大スペクタクルである。十七世紀はBeingがBecomingよりも優位にある時代(Being over Becoming)、十八世紀はBecomingがBeingと対等な立場につく時代(Being and Becoming)、十九世紀は両者の力関係が逆転してBecomingがBeingよりも優勢となる時代(Becoming over Being)、そして二十世紀はBecomingが完全な勝利を収める時代(The Triumph of Becoming)である。[2] そして二十世紀のヨーロッパ社会は、かかる動的思惟の不可避的な結果として、いわば垂直的超越次元——「ある超越的な目標」——を喪失した切頭形をしており——「先端を切り取られたヨーロッパ」(a truncated Europe)[3]——、そこに真理・価値・規範の相対化という深刻な問題が露呈しているという。[4]

ところで、かかる文化的相対主義の問題こそは、あらゆる現実を——自然も、人間も、社会も、神も——「時間的な相のもとに」(sub specie temporis)、つまり歴史的生成と発展において捉える「歴史主義」(Historismus)に、いわば陰のごとく随伴してきた最も手強い難問にほかならなかった。すでに哲学者のヴィルヘルム・ディルタイは、彼の七十歳の誕生日を記念する講演において、歴史主義が「自然科学と哲学によっても未だ寸断されなかった最終的な鎖から人間精神を解き放つ解放者」であることを高く評価する一方で、それが「信念の無政府状態」(die Anarchie der Überzeugungen) へと転落してゆく危険性に対して何の歯止めももたないことを嘆いている。[5] 神学者として出発し歴史哲学者として生涯を終えたエルンスト・トレルチの学問的苦闘も、終始このような「歴史主義とその諸問題」をめぐって繰り広げられていた。すなわち、筆者のトレルチ研究書がそれを実証したように、[6] トレルチの畢生の根本問題(Lebensproblematik)は、《歴史と規範》という問題であり、彼の見るところではそれはすぐれて「歴史主義」によって、つまり「人間とその文化や諸価値に関するあらゆるわれわれの思惟の根本的歴史化」[7]によって、惹き起こされた問題であった。トレルチは絶対(普遍妥当なもの)と相対(歴史的個性的なもの)との「不断に新しい創造的総合」（die immer neue schöpferische Synthese）を成し遂げることによって、《歴史と規範》という問題を解決しようと試みた。たとえトルソーに終わったとはいえ、ヨーロッパの歴史と文化に深く根ざした「現代的文化総合」（die gegenwärtige Kultursynthese）の理念は、晩年のトレルチによるそのような試みの偉大なプログラムであった。「建設の理念とはすなわち、歴史によって歴史を克服すること（Geschichte durch Geschichte überwinden）であり、新しい創造の広場を平らかにすることである」[8]という有名な言葉は、「徹底的歴史性」（radical historicality）の立場に立って規範を獲得しようとしたトレルチの、次代の思想家に託した遺言とも言うべきものである。

しかし、トレルチ自身が指し示した進路にはあまりにも多くの困難が予想されたため、座礁や難破を恐れた次代の思想家たちはこぞってトレルチに背を向け、世界史という歴史的世界から退いて、より安全と思われる別の航路を模索しだした。カール・バルト、ルドルフ・ブルトマン、エーミル・ブルンナー、パウル・ティリッヒといった二十世紀の神学的巨匠たちは、その神学的方法や体系において相互に異なっているが、トレルチに対する背叛という点では――もちろん微妙な温度差はあるが――ほぼ一致している。本書の最終章において考察するカール・レーヴィットという哲学者の態度も、その思想的前提や方向性においては前述の神学者たちと大きく異なっているにもかかわらず、トレルチ的取り組みに対する冷淡さ、つまり世界史からの後退ないし離脱という点では、弁証法的神学者たちと不思議と通底している。[9] だが一九六〇年前後になると、世界史からのこうした後退ないし離脱を指弾する動きが起こってくる。例えばヴォルフハルト・パネンベルクは、実存の歴史性や超歴史的な高みに逃避してきた二十年代以降の神学を批判して、神学的営みの場を歴史的・批判的研究に開かれた「普遍史」（Universalgeschichte）に求めようとする。曰く、「歴史《ゲシヒテ》はキリスト教神学の最も包括的な地平である」[10]と。しかし「歴史」を「その全体性における現実」（die Wirklichkeit in ihrer Totalität）と同定するパネンベルクの神学が、はたしてトレルチがそうであったように、歴史的思惟を真摯に受けとめたかといえば、大いに疑問である。[11] むしろトレルチ的視点からすれば、パネンベルクの神学はバルトとは違った意味でドグマティックである、と言わざるを得ないであろう。

だが、人間の思惟が根本的に歴史化した近・現代においては、歴史的思惟に背を向けたあらゆる教義学的思考は疑惑の対象にならざるを得ない。伝統的な教会教義、とりわけ古代ギリシア的形而上学を背景にして成立した古典的キリスト論は、そのままの仕方では学問的に通用しなくなっている。実際、「キリスト論」(Christology) ということを広義に捉えて、「イエス・キリストのアイデンティティーと意義」(the identity and significance of Jesus Christ)、ないし「キリストの人格と働き」(the person and work of Christ) に関わる教理として理解すれば、近・現代神学は「特殊性の躓き」(the scandal of particularity) といわれるキリスト論の問題に、例外なくぶつからざるを得なかった。というのは、近代性の要請にしたがえば、普遍的な価値や真理は万人が近づき得るものでなければならないのに対して、キリスト教信仰はその実像を客観的に確定し得ぬナザレのイエスという過去の特殊的個人に、(少なくとも原理的に) 普遍的な意義を付与するからである。[12] ここに「偶然的な歴史の真理は必然的な理性の真理の証明とはなり得ない」(zufällige Geschichtswahrheiten können der Beweis von notwendigen Vernunftswahrheiten nie werden)[13] というレッシングの命題が、過去二世紀以上にわたってプロテスタント神学に重くのしかかってきた理由がある。レッシングの有名な「厭わしい広い壕」(der garstige breite Graben) という隠喩的心象は、「信仰と歴史」という問題を表わす「一種の暗号ないし略号」[14] の役割を果たしてきているが、いずれにせよ信仰と歴史の関係の問題は「現代的生の真に深刻かつ困難な問題」[15] であり続けている。

にもかかわらず、キリスト教が歴史的宗教であるかぎり、ひとは歴史の問題を避けて通ることができない。キリスト教をどのように定義するにせよ、歴史ならびに歴史的なものはその信仰にとって本質的な意義を有している。

伝統的なキリスト教神学において、イエス・キリストの十字架の死と復活が、一度かぎりの歴史的な贖罪の業として、キリスト教信仰の中心的内容を形づくっていることに関しては、いまさら多言を要しないであろう。十九世紀の学問的神学の生みの親であるシュライアーマッハーは、教会教義の客観的展開・解説としての伝統的教義学に別れを告げ、「キリスト教の敬虔な心情状態」を記述するという近代的教義学（信仰論）の方法を確立したが、彼のキリスト教信仰の定義もキリスト教における歴史的要素の重要性を模範的に示している。彼によれば、「キリスト教は敬虔の目的論的方向に属する唯一神教的信仰方法であって、さらにこの信仰方法においては、いっさいがナザレのイエスによって成就された贖罪に関係づけられているという点で、他の唯一神教的信仰方法とは本質的に区別される[16]」。それゆえ、「キリスト教共同体に参与する方法は、贖罪者としてのイエスを信仰する以外にない[17]」という。このように、伝統的な「事実の神学」(Theologie der Tatsachen) に対して「意識の神学」(Theologie des Bewußtseins)[18]を打ち出したシュライアーマッハーにおいても、イエスの歴史的贖罪の業がキリスト教信仰に対して有する中心的意義は、少なくとも形式的にはしっかりと保持されている。一方、ベルリン大学でシュライアーマッハーと雌雄を競った哲学者のヘーゲルは、宗教の概念がそれ自身に対象となっているような宗教を「完成された宗教」(die vollendete Religion) ないし「絶対宗教」(die absolute Religion) と名づけ、キリスト教をすべての宗教史発展の頂点に位置する最高の宗教と見なした。ヘーゲルによれば、キリスト教においてはじめて神的本性と人間的本性との統一性が意識されるに至ったばかりか、キリストの生と死と復活においてはじめてそれが現実性となったのである。かくしてキリスト教はそのようなものとして、「啓示の宗教」、「真理の宗教」、「和解の宗教」、そして「自由の宗教」であると主張された[19]。このように、ヘーゲルにおいてもシュライアーマッハーとは異なった意味で、神と世界との和解のプロセスとしての歴史に特別な意義と重要性が付与された。

このように、歴史的宗教としてのキリスト教にとって、歴史はきわめて本質的な役割を果たしてきたが、前述したごとく、近代的歴史意識の発展とともに、歴史の問題はむしろキリスト教にとって耐え難い重荷となってくる。レッシングからトレルチへといたる近代キリスト教の思想発展が最もよくそれを物語っている。この思想発展は、弁証法的神学者たちが主張したように、ある意味で神学的「袋小路」(Sackgasse) への加速度的な迷い込みであったかもしれないが[20]、そうとばかりは言い切れない面もあったように思う。例えば、レッシングとトレルチによって提起された問題は、プロテスタント神学にいつしか忍び込んだスコラ的思弁を浄化する作用を果たしてきた[21]。トレルチの問題を回避せずむしろ歴史的批判の劫火をくぐり抜けてきた神学は、ニーバー兄弟の場合がそうであるように、きわめて強靱な体質を備えている。弟のヘルムート・リチャードについては言うまでもないが[22]、兄のラインホールドもトレルチから多くを学んだことは、彼自身が認めているところである[23]。トレルチからニーバー兄弟への発展——これは『キリスト教会の社会教説』から『人間の本性と定め』ならびに『啓示の意味』への発展として表示できる——は、神学的深化を表わしており、レッシングからトレルチへといたる問題意識を神学的にレリヴァントな仕方で受け止めている。リチャード・ニーバーについてはここで触れないが、本書で取り上げるラインホールド・ニーバーの場合には、トレルチにおいては欠落していたか、あるいは少なくとも十分に掘り下げられなかった、聖書的神話やキリスト教的象徴についての真剣な見直しは、人間の自我と歴史とについての深遠な洞察を彼にもたらす。『人間の本性と定め』の第一巻において、古典的人間観ならびに近代的人間観と比較対照させながら、独自のキリスト教人間学を展開したニーバーは、第二巻において西洋文化史とキリスト教思想史についての卓越した神学的歴史解釈を展開する。それはキリスト教的な「歴史の神学」と呼ぶにまさに相応しく、トレルチ的な歴史的現実主義を預言者主義的に深めたものである。ニーバーによれば、人間は自然と自由の交差する地点に立つ両義的《アンビギュアス》な存在であり、自然と時間の流転に巻き込まれていながら、しかも自然の流転を超越する自由を所有している。人間に固有なこの超越能力が歴史認識を可能ならしめるとともに、人間を歴史形成者たらしめる。そこから人間の歴史は、たとえ自然のプロセスに根ざしているとしても、単なる自然的な因果の連鎖以上のものであり、いわば「自然的必然性と人間的自由との合成」であると見なされる[24]。

ニーバーによれば、かかる人間の超越能力をどのように評価するかによって、歴史に対する種々の文化の態度に大きな差異が生じる。曰く、「歴史に対する種々な文化の態度における相違は、最終的には自己自身をも超越する人間の超越性も含めて、歴史的プロセスを超越する人間の超越性についての相矛盾する評価によって決定される[25]」。そこからニーバーは、あらゆる宗教や文化を「歴史的」（historical）なそれと「非歴史的」（non-historical）なそれとに大別する。歴史的な宗教・文化と非歴史的な宗教・文化との間の区別は、メシアニズム（Messianism）をもつかもたないかの相違である。「歴史が潜在的に有意味ではあるが、依然としてそれの意味の完全な開示と成就とを待っていると見なされるところでは、どこでもメシア（a Christ）が待望される。歴史の意味の超越的啓示が可能であるとも必要であるとも見なされないような仕方で、生の意味が自然ないし超自然の立場から説明されるところでは、どこでもメシアは待望されない[26]」。メシアは神的な目的を開示し、歴史の中で歴史を支配する役割を果たすので、非歴史的な宗教・文化は非メシア的（non-Messianic）であり、これに対して歴史的な宗教・文化は、本質的に預言者的・メシア的（prophetic-Messianic）である（詳細は第五章を参照されたい）。

トレルチからニーバーへの発展において重要な点は、聖書的神話やキリスト教的象徴についての真剣な見直しということだけでなく、「中間時」（interim）としての歴史についての認識が深まることである。ニーバーによれば、「歴史は中間時である[27]」。すなわち、キリスト以後の歴史は、歴史の真の意味の《開示》（disclosure）とその意味の

《成就》(fulfillment) との間の中間時、神の主権の《啓示》(revelation) とその主権の完全な《樹立》(establishment) との間の中間時である。歴史の内部における人間相互間の矛盾対立や神への反逆といったことは、それゆえ歴史の持続的要素であり続ける。中間時としての歴史においては、「罪は原理的に (in principle) は克服されているが、実際に (in fact) は克服されていない。愛は勝利的な愛であるよりも、むしろ苦難的な愛であり続けなければならない」[28]。そこでは暫定的な意味が見いだせるとしても、人間は依然として「鏡に映して見るようにおぼろげに見ている」(第一コリント13・12)。それゆえ「わたしが完全に知られているように、完全に知るであろう」終末において、われわれは最終的な意味が成就されることを信仰によって待ち望まなくてはならない。なるほど、歴史の中でも悪に対して審判が下されることがあるが、しかしそれはいずれも暫定的なものである。究極的な審判は歴史の終末まで待たなければならない[29]。ニーバーが好んで用いる聖書の譬を引けば、「人間歴史は麦と毒麦との混合」である。われわれは暫定的判断を下さなければならないが、最終的判断は歴史の此岸には存在しない。「収穫まで、両方とも育つままにしておけ」(マタイ13・30) というイエスの勧告は、歴史が中間時であることにその根拠をもっている[30]。

ところで、以上のような「中間時」(interim) としての歴史についての認識は、実はすでにレッシングにおいて明確に打ち出されているものである。詳しくは拙著『レッシングとドイツ啓蒙』[31]を参照されたいが、『賢者ナータン』*Nathan der Weise* (1779) における有名な「三つの指環の譬喩」(die Ringparabel) は、中間時における真理性の問題に関係している。物語の全体の枠組みとしては、始源から終末へと向かう聖書的な歴史観が前提されており、現在はいわばその中間に位置する《中間時》である。始源においては、神に由来する本物の指環は一つだけであり、混乱と紛争はまだ存在しない。終末においては、混乱と紛争に終止符が打たれ、三つの指環のうちどれが本物であるかが判明する。しかし歴史の中間時においては、すべてのものは玉石混淆のため、両義的ないし多義的であらざるを得ない。中間時に位置していることを深く自覚している「慎み深い裁判官」は、指環の真贋に関する「謎を解く」ことを最初から断念している。彼は自分の眼識の及ぶ範囲、いわば理性の限界をよくわきまえている。もしどうしても歴史のうちで裁定を下す必要があれば、指環そのものに具わっている「不思議な力」に判定の基準が求められなければならない。本物の指環ならその所有者を神と人とに好まれる者にする不思議な力を具えているからである。ところが互いに言い争っている三人の息子は、指環に具わる不思議な力を裏切っている。それぞれが利己的な愛に生きており、指環の力は発揮されていないからである。このようなジレンマを打開する唯一の方法として、「慎み深い裁判官」が勧めるのは、自らの宗教的・道徳的実践によって指環の真正性を自証するというやり方である。つまり各自が父親から譲り受けた指環が本物であることを信じて、その指環の不思議な力が自ずから発現するように、ひたすら愛の実践に励めというのである。この譬喩が暗示しているように、歴史の中間時においては、真理は客観的・決定的には証明され得ない。そこにおいてはすべてのものは両義的ないし多義的である。それゆえ、中間時においては「真理は一つ以上の形姿で働く」(Die Wahrheit rühret unter mehr als einer Gestalt)[32] ということにならざるを得ない。

　このように、歴史の内部では真理は「多形的」(polymorph) であるというのが、「三つの指環の譬喩」におけるレッシングの暗黙の主張であるが、このような「真理の多形性」(Polymorphie der Wahrheit) という考えは、面白いことにトレルチにも引き継がれている。トレルチは「世界宗教のなかでのキリスト教の位置」と題されたオックスフォード講演――本人が急逝したため実際には別の人によって代読された――を、以下のような意味深長な言葉で結んでいる。曰く、「まず第一にわれわれにとっての真理であるような真理も、それゆえやはり真理であり生命である。そしてわれわれが他の人々に対する愛の中で毎日体験していること、すなわち他の人々は独自の存在であって固有の物差しをもっているということ、このことをわれわれは人類に対する愛のなかでも体験しうるのでなければならない。……神的生命はわれわれの地上の経験においては一つのものではなく、多くのものなのである。しかし多くのもののなかに一つのものを予感すること、これが愛の本質というものである」[33]。なるほど、ここでは「真理の多形性」とか「多形的」という表現は用いられていないが、しかし序文を書いたフリードリヒ・フォン・ヒューゲルは、「真理はつねに多形的（polymorph）であって、決して単形的（monomorph）ではない」との主張がそこに暗示されているとして、それをトレルチに特徴的な真理観と見なしている[34]。トレルチ研究の第一人者F・W・グラーフも、「トレルチは多元主義的な現実理解に有利になるように、伝統的な一元論的真理概念を《真理の多形性》に解消した[35]」と述べて、「真理の多形性」（Polymorphie der Wahrheit）という観念がトレルチの真理観を表現するものであることを裏書きしている。

ところで、レッシングにおいては、真理の多形性という観念は中間時の観念と明確に結びつけて打ち出されているが、トレルチにおいては中間時の観念はほとんど前面に出てこない。しかしトレルチにおける真理の多形性の観念の背後には、それとほぼ等価値の、以下のような思想が潜んでいる。「生の流れを堰き止めて形態を与えるという課題は、それゆえその本質上、完結不可能であり果てしなきものであるが、しかも個々の場合においては、繰返し解決可能かつ実際的な仕方で提起されてくるものである。徹底的で絶対的な解決というものは存在せず、ただ闘争のうちにある、部分的な、そして総合的に結び合わせる解決のみが存在する。けれども、生の流れは滔々として、不断に波立ち流れ過ぎて行く。歴史はそれ自体の内部において超越されることができず、信仰によって彼岸を先取りするという形か、あるいは部分的救済を変容させ増強するという形以外には、歴史はいかなる救済も知らない。神の国と涅槃《ニルヴァーナ》とはあらゆる歴史の彼岸にあるのであって、歴史自体のうちには、ただ相対的な克服があるだけである」[36]。トレルチのこの思想は、スピリチュアリスムスに裏打ちされた歴史的現実主義とでも名づけうるものであるが、「彼岸は此岸の力である」(Das Jenseits ist die Kraft des Diesseits) という有名な言葉は、まさにそのようなスピリチュアリスティッシュな歴史的現実主義を示唆している。われわれが「能動的神秘主義」と呼ぶところのもの、すなわち「争いごとからは遠ざかっているが、しかも自己の精力を完全には使い果たすことなく、闘いと労働、そして共同体へとアクティヴに導いていく神秘主義」[37]は、かかるスピリチュアリスティッシュな歴史的現実主義を裏側から表現したものであって、両者はいわば表裏一体の関係にあると言ってよかろう。

さて、真理の探求ということは、レッシングにおいて最も鮮明に見てとれるように、中間時としての歴史ということと深く結びついている。歴史が中間時であるということは、歴史的真理はすべて部分的かつ制約的なものにとどまり、部分的にはまた非真理を含んでいるということである。ニーバー流に表現すれば、歴史の真の意味はすでに《開示》されたが、しかしまだ《成就》されていない状態、あるいは神の主権はすでに《啓示》されたが、しかしまだ完全には《樹立》されていない状態、これこそが中間時によって意味されているところである。これを真理の問題に当てはめれば、「真理をもっており、しかももっていない」(having, and not having, the truth)[38] という状態が、歴史の中間時的事態である。ところで、真理の探求は、「真理をもっており、しかももっていない」という中間時的状況においてはじめて真に可能となる、というのがわたしの根本テーゼである。「真理をもっている」(having the truth) という面が排他的に主張されると、耐え難い不寛容と「偽りの絶対」(false absolutes) が生じざるを得ない。レッシングが言うように、「所有は沈滞させ、怠惰にし、傲慢にする」[39]からである。それとは逆に、「真理をもっていない」(not having the truth) という面だけになると、真理に対する無関心が醸成され、真理探求の衝動すら湧いてこないかもしれない。それゆえ、真理の探求には「もっている」と「もっていない」という両契機が、すなわち《所有》の契機と《欠如》の契機がともに必要である。

例えば、「真理探求者」(Wahrheitssucher) ならびに「真理愛好者」(Liebhaber der Wahrheit) としてのレッシングは、同時代の人々にはまだ隠されていた高次の真理を、時代にはるかに先駆けて予感した。しかし歴史を突き抜ける高みに立っていたとはいえ、レッシングは依然として変転してやまない歴史の生成過程に巻き込まれていた。彼は歴史超越的な真理を先取りしていたが、それはいまだ明晰な概念的認識にまでは達していなかった。つまり「真理をもっており、しかももっていない」という事態である。そこからレッシングにおいて不断の探求が始まる。そこにまた彼の思想の将来への開放性ということがある。すなわち、不断に真理を探求しながら、より十全な真理の開示を将来に待つという彼特有の態度がそこから出てくる。[40] トレルチにおいては、「相対的なものから絶対的な目標への方向が現れてくること」、あるいは「絶対に対して各瞬間に可能な形姿 (Gestalt) を与えること」[41] を目指して、普遍史的な地平から規範的真理を獲得することが畢生の課題となる。だがそれは事柄の性質上、「不断に新しい創造的総合」(die immer neue schöpferische Synthese) を追い求める努力、つまり不断の探求にならざるを得ない。なぜなら、歴史は完成にいたるまでは未完結で、絶対が歴史のなかで取る形態も刻々変化するからである。ニーバーにおいては、十字架のイエスが「神の知恵であり神の力である」ことを歴史によって実証し、十字架において示された神の愛 (私心なき犠牲的アガペー) の贖罪論的真理を弁証すると同時に、それを社会的正義として実現することが最大の課題となる。人間と歴史をキリストの贖罪の教理に照らして解釈し、神的愛を社会的正義として現実の歴史に反映させることを目指すニーバーの「応用神学」は、解釈ならびに応用・実践の対象が有為転変する歴史的世界であり、またそのうちに生きる人間であるため、これまた絶えざる解釈ならびに応用・実践の作業とならざるを得ない。いずれにせよ、歴史の象徴的解釈とその社会倫理的応用としてのニーバー神学は、レッシングやトレルチとはまったく趣きを異にした歴史神学的探求の試みとして、二十世紀神学史ならびに思想史に異彩を放っている。

以上、本書で中心的に論じられる三人の思想家の共通点ならびに相互関係について、私見を述べてみた。それぞれの思想家の気質や思想史的境位には大きな相違があるにもかかわらず、「歴史と探求」という主題は、おそらくこれらの思想家を結びつける最も有力な紐帯と言ってよいであろう。いずれ劣らぬ大思想家なので、限られた紙面においてその全貌を論ずることはもとより不可能であるが、それぞれの思想家の最も本質的な特質を描き出す努力はしたつもりである。近代プロテスタンティズムの思想発展に際立った貢献をしたレッシング、トレルチ、そしてニーバーを、このような視点のもとに考察しようと試みることは、それ自体が一つの歴史的探求にほかならない。「各人は自分にとって真理と思えることを語ろう。そして真理そのものは神に委ねよう！」(Jeder sage, was ihm Wahrheit *dünkt*, und *die Wahrheit selbst* sei Gott empfohlen!)[42]。後続する五つの章において展開されるのは、かかるレッシング的精神を自ら実践しようとする、一人の探求者のささやかな試論である。

（1）ここで用いた「宗教の時代」、「科学の時代」、「不安の時代」という概念は、いずれもフランクリン・L・バウマーの用語である。Cf. Franklin L. Baumer, *Main Currents of Western Thought : Readings in Western European Intellectual History from the Middle Ages to the Present*, 4th ed. (New Haven and London : Yale University Press, 1978)。

（2）Franklin L. Baumer, *Modern European Thought : Continuity and Change in Ideas, 1600-1950* (New York : Macmillan Publishing Co. ; London : Collier Macmillan Publishers, 1977), pp. xi-xii, 20-23.

(3) Baumer, *Main Currents of Western Thought*, p. 653.

(4) Baumer, *Modern European Thought*, esp. pp. 414-416.

(5) Wilhelm Dilthey,"Rede zum 70. Geburtstag (1903)," in Wilhelm Dilthey, *Gesammelte Schriften*, Bd. 5 (Stuttgart : B. G. Teubner, 1957), S. 9.

(6) Toshimasa Yasukata, *Ernst Troeltsch : Systematic Theologian of Radical Historicality*, American Academy of Religion (AAR) Academy Series, no. 55 (Atlanta : Scholars Press, 1986).

(7) Ernst Troeltsch, *Gesammelte Schriften*, Bd. 3, *Der Historismus und seine Probleme* (Tübingen : J. C. B. Mohr, 1922 ; Nachdruck, Aalen : Scientia Verlag, 1961), S. 102.

(8) Ibid., S. 772.

(9) この点を以前から炯眼にも指摘してきたのは、佐藤敏夫である。例えば、『神と世界の回復』（ヨルダン社、一九八六年）所収の「レーヴィットとキリスト教」という論文を参照されたい。

(10) Wolfhart Pannenberg, *Grundfragen systematischer Theologie*, 2. durchgesehene Aufl. (Göttingen : Vandenhoeck & Ruprecht, 1971), S. 22.

(11) 筆者は以下の論文における大林浩のパネンベルク批判に基本的に賛成するものである。Hiroshi Obayashi, "Pannenberg and Troeltsch : History and Religion," *Journal of the American Academy of Religion* 38 (1970) : 401-419.

(12) *The Blackwell Encyclopedia of Modern Christian Thought*, edited by Alister E. McGrath, s. v. "Christology," by Bruce D. Marshall.

(13) Gotthold Ephraim Lessing, *Werke*, herausgegeben von Herbert G. Göpfert, Bd. 8 (München : Carl Hanser Verlag, 1979), S. 12.

(14) Gordon E. Michalson, Jr., *Lessing's "Ugly Ditch" : A Study of Theology and History* (University Park and London : The Pennsylvania State University Press, 1985), p. 2.

(15) Ernst Troeltsch, "Glaube : IV. Glaube und Geschichte," in *Religion in Geschichte und Gegenwart*, Bd. 2, Sp. 1452.

（16） Friedrich Schleiermacher, *Der christliche Glaube*. Nach den Grundsätzen der evangelischen Kirche im Zusammenhange dargestellt, neu herausgegeben von Martin Redeker（Berlin : Walter de Gruyter & Co., 1960）, §11.

（17） Ibid., §14.

（18） Ernst Troeltsch, *Gesammelte Schriften*, Bd. 1, *Die Soziallehren der christlichen Kirchen und Gruppen*, 3. Neudruck der Ausgabe Tübingen 1922（Aalen : Scientia Verlag, 1977）, S. 934.

（19） Georg Wilhelm Friedrich Hegel, *Vorlesungen, Ausgewählte Nachschriften und Manuskripte*, Bd. 5, *Vorlesungen über die Philosophie der Religion*, Teil 3 : *Die vollendete Religion*, herausgegeben von Walter Jaeschke（Hamburg : Felix Meiner Verlag, 1984）, S. 1-5, 99-108, 179-196.

（20） バルトはトレルチに関して次のように語っている。まず一九二〇年には、「われわれはあのとき（一九一〇年、アーラウで）暗澹たる思いをもって彼［トレルチ］に聞き入ったのであった。その思いとは、われわれが割合落ち着いて歩いてきていた袋小路は、今やもうそれ以上先に進めないということであった」（Karl Barth, *Die Theologie und die Kirche. Gesammelte Vorträge*. Bd. 2［Zürich : Evangelischer Verlag, 1951］, S. 8）と述べている。一九二七年の書簡においては、「当時われわれの討論の中心を占めていたトレルチという名前は、一つの境界線を示すものであって、わたしはその境界線の手前で、当時支配的であった神学への追従は拒絶しなければならないと考えていたのである」（Karl Barth, *Karl Barth Gesamtausgabe,* Bd. 5/1, *Karl Barh-Rudolf Bultmann Briefwechsel 1922-1966*, herausgegeben von Bernd Jaspert［Zürich : Theologischer Verlag, 1971］, S. 305f.）と記している。

（21） Cf. Hermann Diem, *Theologie als kirchliche Wissenschaft*, Bd. 2, *Dogmatik*（München : Chr. Kaiser Verlag, 1955）, S. 7-14.

（22） リチャード・ニーバーの学位論文（“Ernst Troeltsch's Philosophy of Religion.”［Ph. D. dissertation, Yale University, 1924］）はトレルチの宗教哲学に関するものであったが、その後の彼の著作もトレルチの永続的影響を反映している。Cf. H. Richard Niebuhr, *The Social Sources of Denominationalism*（New York : Henry Holt and Co., 1929）; *The Meaning of Revelation*（New York : The Macmillan Co., 1941）; *Christ and Culture*（New York : Harper & Brothers, 1951）.

(23) この点に関しては、西谷幸介『ロマドカとニーバー』(ヨルダン社、一九九六年)、三八五―三九二頁を参照されたい。

(24) Reinhold Niebuhr, *The Nature and Destiny of Man* (New York : Charles Scribner's Sons, 1943), vol. 2, p. 1.

(25) Ibid., p. 3.

(26) Ibid., pp. 4-5.

(27) Ibid., p. 48.

(28) Ibid., p. 49.

(29) Reinhold Niebuhr, *Faith and History* (New York : Charles Scribner's Sons, 1949), p. 214.

(30) Ibid., p. 232 ; also Reinhold Niebuhr, "The Wheat and the Tares," in *Justice and Mercy*, ed. Ursula M. Niebuhr (New York : Harper & Row, 1974), pp. 51-60.なお、実に興味深いことに、これと類似した思想はセバスティアン・フランクにも見いだされる。Sebastian Franck, *Paradoxa*, herausgegeben und eingeleitet von Siegfried Wollgast, 2., neubearbeitete Aufl. (Berlin : Akademie Verlag, 1995), S. 12, 270, 351.

(31) 拙著『レッシングとドイツ啓蒙』(創文社、一九九八年)。

(32) LM 4, 277 ; G 3, 40 (Kritische Nachrichten, 1751).

(33) Ernst Troeltsch, *Der Historismus und seine Überwindung*, eingeleitet von Friedrich von Hügel (Berlin : Pan Verlag Rolf Heise, 1924), S. 83.

(34) Friedrich von Hügel, "Einleitung," in *Der Historismus und seine Überwindung*, von Ernst Troeltsch (Berlin : Pan Verlag Rolf Heise, 1924), S. VII.ヒューゲルによれば、このような「真理の多形性」という考えは、トレルチの以下の書物においてすでに見られるという。Ernst Troeltsch, *Die Trennung von Staat und Kirche, der staatliche Religionsunterricht und die theologischen Fakultäten* (Tübingen : J. C. B. Mohr, 1907).

(35) Friedrich Wilhelm Graf, "Die Polymorphie der Wahrheit : Über die aktuelle Bedeutung des deutschen Kulturprotestantismus," Vortrag an der Kyoto University Graduate School, am 18. Mai 2000.

(36) Troeltsch, *Der Historismus und seine Überwindung*, S. 60.

（37）Ernst Troeltsch, *Briefe an Friedrich von Hügel 1901-1923*, mit einer Einleitung herausgegeben von Karl-Ernst Apfelbacher und Peter Neuner (Paderborn : Verlag Bonifacius-Druckerei, 1974), S. 94.

（38）Niebuhr, *The Nature and Destiny of Man*, vol. 2, p. 213

（39）Gotthold Ephraim Lessing, *Sämtliche Schriften*, herausgegeben von Karl Lachmann, dritte, aufs neue durchgesehene und vermehrte Aufl., besorgt durch Franz Muncker, Bd. 13 (Nachdruck, Berlin : Walter de Gruyter, 1968), S. 24.

（40）詳細については、『レッシングとドイツ啓蒙』を参照されたい。

（41）Ernst Troeltsch, *Die Absolutheit des Christentums und die Religionsgeschichte*, 2. Aufl.(Tübingen : J. C. B. Mohr, 1912), S. 58.

（42）Lessing, *Sämtliche Schriften*, Bd. 18, S. 269.

第一章　レッシングにおける真理探求の問題

1　Lessingwort の射程

「人間の価値は、誰かある人が所有している真理、あるいは所有していると思っている真理にではなく、真理に到達するためにその人が払った誠実な努力にある。というのも、人間の力は、所有によってではなく、真理の探求によって増すからであり、人間の完全性が絶えず成長するのは、ひとえに真理のかかる探求によるからである。所有は沈滞させ、怠惰にし、傲慢にする――

もしも神が右手に一切の真理を、左手に真理を探求せんとするただ一つの常に生き生きとした衝動を握り給い、わたしに《選べ》と言われるとしたら、たとえ後者には不断にまた永久に迷わすであろうという仰せ言が付け加えられていようとも、わたしは慎ましく神の左手にすがり、《父よ、これを与えたまえ。純粋の真理はひとえにあなたのみのものなれば》と言うであろう[1]」。

レッシングのこの有名な言葉（以下 Lessingwort と呼ぶことにする）は、思想家としての彼の真髄を見事に表明しているが、教理史家のK・バイシュラークは、レッシングのこの言葉の背後に、アレクサンドリアのクレメンスの『ストロマテイス（雑録）』（四・一三六・五）の以下のような言葉が潜んでいる可能性を示唆している。

「もしある人が覚智者に神のグノーシスと永遠の救いとがかりに区別されるものとして（実際には全く同じもので

あるが)、どちらを選びたいか、と尋ねると仮定するならば、覚智者はいささかも躊躇することなく神のグノーシスを選ぶであろう。信から愛を通ってグノーシスへと昇っていった、[信の]変らない特質はそれ自身のゆえに選ばれて然るべきであると信じているからである[2]」。

彼の神学的・宗教哲学的著作が示しているように、専門家顔負けの教父学の知識を身につけていたレッシングだけに、彼が『ストロマテイス(雑録)』におけるクレメンスの言葉を知悉しており、それを雛形にしてLessingwortを生みだした可能性もたしかに否定しきれない。しかし、万が一それが事実であるとしても、レッシング的実存の思想的表明ともいうべきLessingwortは、信(ピスティス)と知(グノーシス)という二項的図式に基づいて「神のグノーシス」と「永遠の救い」の二者択一を仮想するクレメンスの古代的思考とは、本質的に異なっていると言わざるを得ない。クレメンスとレッシングの相違は、両者の思想家としての気質の相違に帰因しているだけでなく、それぞれの思想史的境位とも深く関係していると思われるが、いずれにせよバイシュラークの示唆は、Lessingwortの歴史的背景とその特質を究明する課題へとわれわれを駆り立てる。そこで本章においては、レッシングにおける真理概念と真理探求のモティーフについて、少し掘り下げた考察をしてみたい。

Lessingwortの遠景としては、アレクサンドリアのクレメンスよりもさらに古く、たとえば『ニコマコス倫理学』におけるアリストテレスの言説、つまり人間の善さ(ἀγαθόν)は、活動の結果いかんにかかわらず、魂の活動(ἐνέργεια)として器量(ἀρετή)によって生まれてくるという言説、を挙げることも不可能ではないかもしれない[3]。しかし何といってもその直接的な先蹤としてあるのは、「われわれの幸福は完全な享受(une pleine jouissance)にはないであろうし、あるべきでもない。そんな状態では、もはや何も望まなくなり、われわれの精神は愚鈍になってしまうだろう。われわれの幸福は新たな喜びと新たな完全性への不断の前進(un progrès perpetuel à de nouveaux plaisirs et de nouvelles perfections）にあるのである」[4]というライプニッツの言葉であろう。その表現や思想内容からして、Lessingwort の前段はライプニッツのこの言葉の翻案に他ならないといっても過言ではないほどである。それゆえ、Lessingwort と呼ばれているものは、実際には、ライプニッツに範を取った前段と、クレメンスに範を取った後段との結合の産物であるとの見方も、ひょっとしたら成り立つかもしれない（しかし、われわれの考察がやがて示すように、このような見方はいささか表面的に過ぎるであろう）。

ともあれ、上記のような思想史的背景を背負った Lessingwort は、類似した他のいかなる言葉にもまして、後代に深い感銘を与え続けてきた。例えば、「ひとつの目標を達成しようと努め、かかる目標を身体的ならびに道徳的な力をつぎこんで獲得すること、このことに元気で力溢れる人間の幸福は基づいている。張りつめた力を休息に明け渡してしまう所有は、錯覚的幻想においてのみひとを魅了するものである」[5]というヴィルヘルム・フォン・フンボルトの言葉や、「経験したことの成果ではなく、経験そのものが目的である」（Not the fruit of experience, but experience itself, is the end）[6]というウォルター・ペイターの言葉などは、Lessingwort の影響を色濃く反映したものであるといえよう。さらに、ゲーテの不朽の名作『ファウスト』とてもその例外ではない。Lessingwort の典拠たる『再答弁』*Eine Duplik*（1778）が出版されたとき、ゲーテの『原ファウスト』*Urfaust* はすでに出来上がっていたが、それはいまだ天上の序曲、ファウストとメフィストーフェレスとの契約、あるいはファウストが最終的に救われるシーンなどを含んではいなかった。しかし真理の所有よりも不断の真理探求を尊ぶレッシングの言葉を知ったゲーテは、おそらく Lessingwort から受けた強烈な印象を自らの作品の中に反映させて、最高傑作『ファウスト』を完成させたのである。[7]「人間は努力をするかぎり迷うものだ」（Es irrt der Mensch, solang' er strebt）[8]という「天上の序曲」における主の言葉や、「絶えず努め励むものをわれらは救うことができる」（Wer immer strebend sich bemüht, Den können wir erlösen）という第二部の最終シーンにおける天使たちの合唱の言葉の中に、[9] Lessingwort の影響を端的に読み取ることができるであろう。それだけではなく、ファウストがメフィストーフェレスと契約を結ぶくだりでの、「もしわたしがのんびりと寝椅子に手足でも伸ばしたら、そのときは私ももうおしまいだ」[10]というファウストの言葉も、Lessingwort の趣旨によく合致している。

このように、レッシングにおける不断の真理探求というモティーフは、後世に大きな感化を及ぼしているが、このような真理探求のモティーフを成り立たしめているレッシングの真理概念とは、一体いかなるものなのであろうか。

2　レッシングにおける真理探求のモティーフ

「真理探求者」（Wahrheitssucher）ならびに「真理愛好者」（Liebhaber der Wahrheit）として名高いレッシングだけに、「真理」（Wahrheit）という言葉は彼の著作に頻出する。しかし真理概念についての明確な定義、ないしそれに近いものを求めて、彼の膨大な著作を渉猟してみても、彼の真理概念を端的に表明している用例を取り出すことは困難である。なぜならその用例はきわめて多彩であり、“die Wahrheit sagen”や“in Wahrheit”のような単なる慣用句的用法にはじまり、「ほんとうのこと」、「あからさまなこと」といった程度の意味での用法、そして美学的概念、倫理的概念、宗教的概念、形而上学的概念としての真理概念など、さらには「三つの指環の譬喩」のようにお伽噺《メルヒエン》の形態をとって暗示的に語られたものにいたるまで、実に多種多様な用法が見いだされるからである。[11]それにもかかわらず、夥しい数の用例全体の根底に潜むレッシング特有の真理概念を感得することは決して不可能ではない。

レッシングはアンドレアス・ヴィソワティウス（Andreas Wissowatius, 1608-1678）についての論評において、「神が、神のみが、そして彼ご自身のみが、世界を造られたのであり、……最も完全な被造物といえども世界の一部であらざるを得ず、神と比較すれば最も惨めな蛆虫のようなもので、世界の考慮に値する一部ではあり得ないという真理」がヴィソワティウスにとっての「唯一の真理」[12]であったと述べているが、このことはほぼそのままレッシング自身にもあてはまる。レッシングにとっても、神は「あらゆる真理の永遠の源」（ewige Quelle aller Wahrheit）[13]であり、人間と世界に関するあらゆる真理は創造主としての神に発源している。神によって創造されたわれわれ人間にとって、真理は宇宙の根本道理として、生の規範ならびに目標として、最高の価値を意味している。最初期の断片『宗教』*Die Religion*（1749/50）において、弱冠二十歳のレッシングは、「けれども、おそらくわれわれの精神は、それだけますます神的なものなのである。われわれはおそらく真理のために造られたのである。なぜなら、われわれは美徳のために造られてはないからである」[14]と述べて、真理と人間存在との関係を逆説的命題として提起している。すなわち、われわれが現実の人間関係において見いだすものは、もっぱら嘘、誤謬、欺瞞といった様々な悪徳であり、人間が真理のために生きていないというのは、ほとんど動かし難い事実である。「真理のため？真理とは何と多様であろうか？　各人は真理を所有していると信じているが、しかし各人は異なった仕方で真理を所有している。否、誤謬のみがわれわれの持ち分であり、われわれの学問は妄想である」[15]という彼の言葉は、人間が真理のために造られたという命題を真っ向から打ち消すかのようである。しかしレッシングは、それにもかかわらず、否、むしろだからこそ、真理は人間にとって稀少の最高価値なのであり、それのために生きるのが人間の最高の美徳となる、と言おうとしている。

同じく最初期の喜劇『自由思想家』*Der Freigeist*（1749）において、レッシングは「真理など存在しないか、それとも真理は大半のひとによって、それどころかすべてのひとによって、少なくとも本質的な点において感得されることができるか、そのいずれかでなければならない」という敬虔かつ真摯なユリアーネの主張に対して、自由思想家のアドラストに「そうなり得ないとしても、それは真理のせいではなく人間のせいである。——われわれはこの世で幸福に暮らすべきである。そのためにわれわれは造られているのであって、ただそのためにだけわれわれは造られているのである。真理がこの偉大な究極目的にとって妨げとなるたびに、ひとは真理をなおざりにしなければならない。なぜなら、真理そのもののうちに自らの幸福を見いだすことができるのは、ごく少数のひとかどの人物だけだからである。それゆえ誤謬は下衆《げす》にまかせておけばよい。なぜ誤謬を彼らにまかせておけばよいかといえば、誤謬は彼らの幸福の基礎であり、彼らが安全や繁栄や喜びをそこに見いだす国家の支柱だからである」[16]という趣旨の反論を展開させている。ここでレッシングは、『宗教』において表明した真理と人間存在との逆説的関係を、いわば二極分化した二つの命題に仕立てて、二人の登場人物の口を借りて言い表しているのである。

このように真理は人間といわば逆説的ないし弁証法的な関係に立っているが、しかしそのようなものとして、「真理は魂にとって必然的である」[17]。真理探求は魂の本質的営みなのであって、この真理探求の営みとしての学問に対しては、法律といえども教権をふるってはならない。「なぜなら学問の究極目的は真理だからである」。それゆえ、「こうした本質的な欲求を満たすにあたって、魂にいささかでも強制を加えるならば、それは暴政となる」[18]。

レッシングは、真理探求にあたってひとり一人が「自分自身で熟考すること」(das eigene Nachdenken) の大切さを強調する。例えば彼は、ヴィーラント (Christoph Martin Wieland, 1733-1813) を論評した文芸書簡において、以下のように述べている。

「人間の魂を訓練によって完全なものにする最大の秘訣は、——ヴィーラントはそれを名ばかりしか知らなかったが――、ひとえに次の点に存している。すなわち、ひとは自分自身で熟考することを通して真理に到達しようと不断に努力することにおいて（in steter Bemühung..., durch eigenes Nachdenken auf die Wahrheit zu kommen）、人間としての魂を得るのである。そのための原動力は功名心と好奇心である。そしてその報酬は真理を認識する際に覚える喜びである。しかし、もし若者に歴史的知識を最初から即座に教示すれば、若者の心を眠り込ませることになる。つまり、好奇心は早くから沈静化され、そして自分自身で熟考することを通して真理を見いだす道（der Weg, durch eignes Nachdenken Wahrheiten zu finden）が、突然閉ざされることになる。われわれは本性的に《なぜ》よりも《いかに》をはるかに知りたがる。いまこの二通りの認識の仕方を分離することにわれわれを不幸な仕方で慣れさせたとしよう。あらゆる出来事において原因について考え、結果に照らして各々の原因を推定し、そして両者の正しい関係から真理を導き出すよう手ほどきしなかったとしよう。そうすればわれわれは無関心というまどろみに陥って、そのまどろみから目覚めるのがとても遅いことだろう。真理そのものはわれわれの目にはあらゆるその刺激的魅力を失い、そうなればわれわれは、例えば成熟した年頃になっても、自然と心が駆り立てられて認識済みの真理の原因を究明するようなことをしなくなる」[19]。

ここに詳しく引用したレッシングの言説は、『最近文学に関する書簡』*Briefe, die neueste Literatur betreffend* の一七五九年一月号に掲載されたものであるので、『再答弁』における Lessingwort よりも丸十九年古いものであるが、ここに示された彼の見解は Lessingwort の趣旨と非常によく合致している。それゆえ、これは Lessingwort のいわば古層を形づくるものである。ところで、「自分自身で熟考することを通して真理に到達しようと不断に努力する」とか、「自分自身で熟考することを通して真理を見いだす」といった真理探求のモティーフは、これよりもさらに溯ること丸十年、キリスト教信仰からの逸脱をなじる牧師の父に対して書き送った一七四九年五月三十日付けの手紙のなかに、すでに驚くべき明瞭さで打ち出されている。弱冠二十歳の「自由著作家」のレッシングは、以下のような注目すべき言葉で自分自身の生き方を弁護している。

「キリスト教教理の原則を覚えこみ、しばしばそれを理解もせずに唱え、教会に通い、あらゆるしきたりを、ただそれが慣行になっているからとの理由でともにする人間がよりよきキリスト教徒であるのか、あるいは、ひとたび賢明に疑い、探求の道を辿って初めて確信に達した人間、ないしは達しようと少なくとも努力している人間がよりよきキリスト教徒であるのか、それは時が来れば分かることです。キリスト教は両親からそっくり鵜呑みにして受け取られるべきものではありません。なるほど大抵の人間は、財産を相続するのと同じようにキリスト教をも両親から相続しますが、彼らはまた行状によってどのように立派なキリスト教徒であるかを証明するのです。わたしとしては、キリスト教の最も重要な戒めの一つ、『汝の敵を愛せよ』がよりよく遵守されぬ限り、キリスト教徒を自称する者たちが果たしてそうであるかを疑います[20]」。

ここに見いだされる、「ひとたび賢明に疑い、探求の道を辿って初めて確信に達した人間、ないしは達しようと少なくとも努力している人間」(der, der einmal klüglich gezweifelt hat, und durch den Weg der Untersuchung zur Überzeugung gelangt ist, oder sich wenigstens noch darzu zu geangen bestrebet) というこの表現こそは、Lessingwort の最古層を形づくるものであるといってもよいが、これはレッシングがライプニッツや古代教父の思想を本格的に学ぶはるか以前に記されたものである。したがって Lessingwort は、ライプニッツやクレメンスの言葉の翻案であるというよりは、むしろレッシング自身の実存に深く根ざしたレッシング固有のものである、と断定してほぼ間違いないであろう。

しかもわれわれにとって重要なことは、レッシングがこのような「探求の道を辿って確信に到達」しようとする努力、ないし「自分自身で熟考することを通して真理に到達」しようとする不断の努力を、ルターの宗教改革の精神と結びつけて理解していることである。曰く、「真のルター主義者は、ルターの著述にではなく、ルターの精神によりどころを求めようと欲する。そしてルターの精神は、いかなる人も、真理の認識において、彼独自の判断にしたがって（nach seinem eigenen Gutdünken）進むのを妨げられてはならないということを断固として要求する[21]」。このようなルター理解が正当であるかどうかは別問題として、ここにはレッシングによるプロテスタント原理の意義深い近代的解釈がある。

3　プロテスタント原理の実践としての真理探求

さて、Lessingwort の顕著な特徴は、真理の所有よりも真理の探求をより尊しとする点にのみあるのではない。ゲーテが文学的天才をもって『ファウスト』の中に取り込んだように、「たとえ後者には不断にまた永久に迷わすであろうという仰せ言が付け加えられていようとも」（obschon mit dem Zusatze, mich immer und ewig zu irren）という「仰せ言」の部分もきわめて重要である。真理探求に試行錯誤はつきものである。「真理はそのように「感傷主義の作者が考えるように」われわれの感情の陶酔状態においてすばやく捉えることのできるものではない[22]」。レッシングは、われわれが真理探求の途上において犯す間違い（Fehler）や誤謬（Irrtum）を、注目すべき仕方で積極的に評価している。「わたしは自分が真理をとらえそこねたときにこそ、真理に大きく貢献したのであると考える。そしてわたしの間違いは、まるでわたし自身が真理を発見するかの如くに、他の人が真理を発見するきっかけとなるのである[23]」。あるいはまた、真理に対するわれわれの証明の仕方の出来不出来も問題ではない。「たとえ証明のされ方がまずくても、真理はどこまでも真理である。そして真理に対するまずい証明の仕方を非難する人は、だからといって真理そのものを非難したことにはならない[24]」。大事なことは真理を愛し、真理か非真理かということにつねに深い関心をもつことである。曰く、「そして最も些細な事において真理か非真理かについて無関心な人は、自分がただ真理のためにのみ真理を愛しているということをわたしに説得することなど決してできないであろう[25]」。

レッシングは真理が真理として顕現するために、真理をめぐる「論争」(Streit) の意義を高く評価してやまない。論争は真理の益にならないと考える面々に向かって、レッシングは次のように主張する。「しかし、真理がそれで利益を得ることはきわめてまれである、とひとはいう。——きわめてまれ？ 論争によって真理に決着がついたことはまだないとしても、にもかかわらず真理はあらゆる論争において利益を得てきた。論争は、検証の精神を培い、先入見と外見とを絶えざる動揺のうちにおいてきた。要するに、論争は粉飾された非真理が真理の位置に定着するのを妨げてきた[26]」。レッシングがライマールスの遺稿の一部を「無名氏の断片」として公刊して、いわゆる「断片論争」(Fragmentenstreit) に火をつけた行為も、ここから理解できるものとなる。

レッシングは「無名氏の断片」に対する「編集者の反論」においてこのように言う。「まことに、そのような人がそのうちに現れるべきである。両方の側でそのうちに現れるべきである。対象の重要性と尊厳性とが要求する通りに宗教を論駁する人と、そしてその通りに宗教を擁護する人とが。あらゆる知識と、あらゆる真理愛と、あらゆる真剣さをもって！[27]」。そしてライマールスを「宗教の真正なる論駁者の理想」にきわめて接近した人物と見なす彼は、「無名氏の断片」が「宗教の真正の擁護者の理想にただもう全く同じくらい接近しているような人」を覚醒してくれることを期待する[28]。つまりレッシングは、十八世紀に表面化した正統主義と啓蒙主義の対立を、「ネオロギー」（Neologie）のように安易に調停するのではなく、むしろその対立点を論戦によってより先鋭化させ、かかる仕方で硬直化した神学状況を流動化し活性化させようとしたのである。それゆえ「無名氏の断片」を公刊したことは、レッシングにとってはすぐれて真理探求の行為であった。つまり彼は神学論争を通じてキリスト教的真理のより深い認識に至ろうと欲したのである。

　それでは、真理をめぐる論争において、ひとはどのように振る舞うべきであろうか。これに関してレッシングは、民事訴訟と学問論争との相違を引き合いに出しながら、実に彼らしい見解を表明しているので、まずそれを見ておくことにしよう。

「それゆえ、とりわけわたしはこのように問う。真理を探求するにあたって、論敵の無知を利用することは許されるかどうかと。民事訴訟においては、自分自身に不利な証拠を敵の手にゆだねる必要はないことを、わたしはよく承知している。そのような証拠がなければ、敵はすぐに敗訴せざるを得ないであろうから。何でもかんでも明々白々な仕方で確実に反駁できる当てがないのに、もし自分自身に不利な証拠を敵の手にゆだねようものなら、むしろ血迷ったと見なされるのが落ちだろう。しかしなぜだろうか？　なぜなら、彼の敗北は必然的に他方の側の勝利と結びついているからである。そしてなぜなら、ひとが裁判官に要求することができるものは、裁判官がその判決でもって、最も多くの正しさを有していると思われる者の側に立つことだけだからである。しかし、真理を非難材料とする論争においては、こうしたことは起こらない。なるほどひとは真理をめぐって争うが、しかし勝利して真理を手にするのが、一方の側であれ他方の側であれ、いずれにしても決して自分自身のために真理を手にするのではない。負ける側は誤謬以外の何ものも失わない。そしてあらゆる瞬間に他方の側の勝利に分け前を与えることができる。それゆえ誠実さ（Aufrichtigkeit）こそはわたしが哲学者に要求する第一要件である。哲学者たるものはいかなる命題であれ、ある命題が自分の体系よりも他者の体系により多く合致するとの理由で、それをわたしに黙秘してはならない。そして彼は、全力をもってせずともそれに答えることができるからとの理由で、わたしに反論を黙秘してはならない。そんなことをしようものなら、彼が真理でもって利己的な商いをし、真理を非欺瞞性という狭い境界に閉じこめようとしていることは明白である」[29]。

ここには、論争の勝ち負けそのものを越えて、論争を通じて真理のより深い認識に至ることができるという、レッシングの強い信念がよく示されている。つまり、いずれの側が勝利するにせよ、論争においては真理が誤謬に対して勝利するのであって、したがって論争は真理に裨益するところ大なのである。実際、ゲッツェ(Johann Melchior Goeze, 1717-1786)との熾烈な神学論争の渦中にあって、レッシングは真理に対する自らの強い信頼の念を吐露しながら、ルター派正統主義の異端審問官のような彼に向かって以下のように述べている。

「われわれがいかに書くかはさほど重大ではないが、いかに考えるかは大いに重大である。それにもかかわらず、ひょっとしたらあなたは次のように主張するおつもりではなかろうか。すなわち、婉曲的で比喩に富んだ言葉には、必然的に不確かで間違った意味が存せざるを得ないと。最も本来的で、最も普通で、最も平板な表現を用いる人以外は、誰も正確にはっきりとものを考えることができないと。冷静な象徴的な思想に何らかの仕方で自然的表号の温かさと生命をもった何かを付与しようとすれば、必ず真理に害になると。

傷の深さを鋭利な刀のせいにしないで、ピカピカ光る刀のせいにするのは、どんなにか滑稽な業であろう！　したがってまた、真理がわれわれにまさる優越を敵に与えているのに、それをこの敵の素晴らしい様式のせいにするのは、何と笑止千万なことだろう！　わたしは、その光輝を多かれ少なかれ真理から借用していないような、いかなる素晴らしい様式も知らない。真理のみが真正の光輝を与えるのである。そして揶揄や冗談にあっても、真理は少なくとも引立て役として、その基礎になっているに相違ないのである。
それゆえ、それについて、つまり真理について、われわれに語らせなさい。様式についてではなく[30]」。

4　中間時における真理の多形性

このように、誤謬に対する真理の力を信じて疑わないレッシングではあったが、政治的にも教会的にも後ろ盾をもたず、自分のペンだけを頼りに生きるレッシングにとって、政治的ないし教会的権力をバックにもった論敵との論争は決して容易であったはずがない。「戦術家」（Taktiker）として超一流の冴えをみせた彼は、ときには敵の眼を欺くために、巧みに同盟者のふりをすることも皆無ではなかった。あるいは自己に萌《きざ》した新しい真理の認識[31]をストレートに表現するには時期尚早と判断して、謎めいた言い回しを用いてぼかしたり、ときにはそれを完全に秘匿するのが得策と考えた場合もあった。

なるほどレッシングは、『ツールのベーレンガル』*Berengarius Turonensis*（1770）において、中途半端な真理の説き方を諫める以下のような発言を行なっている。

「幸福と生命を真理のために犠牲にすることが義務であるかどうか、わたしにはわからない。少なくともそのために必要な勇気と決然たる態度は、われわれが自分自身に与えることができる天分ではない。しかしわたしも承知の通り、もしひとが真理を説こうとする場合、真理を完全に説くか、さもなくば全然説かないこと、つまり明瞭にきっぱりと、謎めいた言い方を用いず、遠慮がちな態度をせず、その力と効用に不信感を抱かずに真理を説くことは義務である。そしてそのために要求される天分はわれわれの意のままになる。このような天分を獲得しない人、あるいは獲得してもそれを用いようとしない人は、もしその人がひどい誤謬をわれわれから取り去りつつも、全き真理を隠し立てし、そして真理とも嘘ともどっちともつかないものでわれわれを満足させようとすれば、人間悟性にまずい仕方でしか貢献しない。なぜなら、誤謬がひどければひどいほど、それだけますます真理にいたる道は短くかつまっすぐだからである。これに対して、洗練された誤謬は、それが誤謬であることがわれわれにわかりにくければわかりにくいほど、永遠にわれわれを真理から遠ざけておくことができる」[32]。

しかしレッシングは、ベーレンガル（Berengar von Tours, ca. 1005-1088）が置かれていた歴史的状況を考慮して、以下のような言葉で彼をかばっている。「ベーレンガルは弱かったので、それだから彼はまた故意に間違えざるを得なかったのだろうか？　わたしは彼を遺憾に思わざるを得ないので、わたしはまた彼を軽蔑せざるを得ないのだろうか？　身に迫った危険のために真理に不誠実となる人であっても、真理を非常に愛することはできる。そして真理は彼の愛ゆえに彼の不誠実を赦す。しかし種々な仮面をかぶせ化粧を施しながら真理を人々にもたらすことばかり考える人は、真理の取り持ち（Kuppler）になりたいとは思うであろうが、ただし真理の愛好者（Liebhaber）であったためしはない。そのような真理の取り持ちよりも悪いものをわたしはほとんど知らない」[33]。

このようにレッシングは、純粋な真理愛にもかかわらず外的状況によって余儀なくされる真理に対する表向きの不誠実と、所有している既成真理の上に胡坐をかきそれへの取り持ちに終始する単なる真理の標榜とをはっきりと区別し、後者よりもはるかに前者を高く評価している。たとえ間違いや錯誤はあろうとも、真理の探求は真理の所有に優るという精神はここでも脈打っている。いずれにせよ、レッシングがときおり見せる、真理（Wahrheit）のための闘争においてはときに人間的誠実さ（Wahrhaftigkeit）を欠くこともやむなしとの態度は、多分にその都度の政治力学的状況についての、彼一流の現実主義的な判断に基づいている。よく引用される彼の言葉で言えば、「わたしは自分の武器を自分の敵に向けなければならない」のであり、それゆえ「わたしは自分が演習風に（γυμναστικῶς）書くすべてのことをまた教理的なものとして（δογματικῶς）も書くとは限らない」[34]のである。

　しかし、レッシング研究者によってしばしば指摘される、彼における「公教的教説」（Exoterik）と「秘教的教説」（Esoterik）という問題性は、単に上記のような現実主義的な状況判断によるだけではない。そこには「中間時」（interim）としての歴史に対する深い自覚と、自らの知の限界をわきまえた「知恵」（Weisheit）の立場とが深く関与している。レッシングは『エルンストとファルク』*Ernst und Falk*（1780）において、フリーメーソンの開悟者ファルクの口を通して、「黙っていたほうがよい真理」（Wahrheiten, die man besser verschweigt）もあると言い、「賢者は黙っていたほうがよいことについては語ることができない」（Der Weise *kann* nicht sagen, was er besser verschweigt）[35]と述べているが、この言葉はレッシングにおける「中間時」と「知恵」の問題を解明してはじめて、その深い意味で理解できるものであろう[36]。

　レッシングにおける「中間時」と「知恵」の問題を考察する上で重要と思われるのは、『賢者ナータン』*Nathan der Weise*（1779）における有名な「三つの指環の譬喩」（die Ringparabel）であるが、そこでは中間時における真理性の問題が問われている[37]。

「三つの指環の譬喩」の全体の枠組みとしては、始源から終末へと向かう聖書的な歴史観が前提されている。すなわち、「遠い昔に」（vor grauen Jahren）、東方の国に住む一人の男が「計りしれない値打ちをもった指環」を神から直接（「大事な方の手から」）授かるが、神的由来のこの指環が物語の発端を形づくっている。この指環には「秘密の力」が具わっており、その力を堅く信じてその指環を嵌めている者を「神と人とに好まれるものにする」という。しかし長い長い時間の経過とともにやがて混乱が生じてくる。本来一つしか存在しないはずなのに、実際には本物を名乗る指環が三つも存在することが判明する。この容認しがたい現実に直面した三つの指環の所有者は、めいめいが自分の指環の真正性を主張して譲らず、遂にはそれぞれが他の二者を相手取って訴訟を起こすにいたる。かくして事件は法廷の場に持ち出されるが、ここでも問題は決着を見ない。「慎み深い裁判官」は、問題の最終的解決を「数千年後のそのとき」(über tausend tausend Jahre) 同じ席に坐るであろう「より賢明な裁判官」(ein weisrer Mann) の手に委ねる。つまり、いずれが本物であるかは歴史の終末を待たなければわからないというのである。

ところで、始源から終末へと向かうこのような歴史の構図のなかで、現在はいわばその中間に位置する《中間時》である。歴史の始源においては、神に由来する本物の指環は一つだけで、まだ混乱と紛争は存在しない。歴史の終末においては、それまでの混乱と紛争に終止符が打たれ、三つの指環のうちどれが本物であるかが判明する。このように始源と終末はいずれも単一性と統一性によって特徴づけられるとすれば、歴史の中間時は数多性と分裂性をその基本的特徴としている。ここにおいては、すべてのものは一義的に明白ではなく、玉石混淆のために両義的ないし多義的である。したがって歴史の中間時においては、物事を一刀両断に捌いて白黒をはっきりさせることはできない。

実際、歴史の中間時に位置していることを自覚している「慎み深い裁判官」(der bescheidne Richter) は、指環の真贋に関する「謎を解く」ことを最初から断念している。彼は自分の眼識の及ぶ範囲、いわば理性の限界をよくわきまえている。彼にはせいぜい忠告を与えることしかできない。しかしどうしても歴史のうちで暫定的裁定を下す必要があるとすれば、指環そのものに具わっている「不思議な力」に判定の基準が求められなければならないという。[38] つまり本物の指環ならその所有者を神と人とに好まれる者にする不思議な力を具えているはずであるので、このことが判決を下さねばならないという。ところがこのような基準に照らしてみると、互いに言い争っている三人の息子は、指環に具わる不思議な力を裏切っていることが判明する。いずれも利己的な愛に生きており、指環の力は発揮されていないからである。

はたして、このようなジレンマを打開する方法はあるだろうか。「慎み深い裁判官」によれば、歴史の中間時に生きるわれわれに残されている唯一の方法は、自らの宗教的・道徳的実践によって指環の真正性を自証するという方法である。そこでこの慎み深くも賢明な裁判官はこう忠告する。「お前たちはこの事態をあるがままに受け取るがよい。めいめいが父親から指環を授かったのなら、自分の指環こそ本物だと信ずるがよい。……さあ！　それぞれが、父親の、偏見のない公正な愛を見習うがよい！　めいめいが自分の指環に鏤《ちりば》めてある石の力を顕示するように励み合うがよい！――そして柔和な気持ち、心優しい協調性、善行、神への心からなる帰依をもって、石がその力を発揮できるように助勢するのだ！」。どの指環が本物であるかを客観的に証明する術がない以上、めいめいが父親から譲り受けた指環が本物であることを信じて、その指環の不思議な力が自ずから発現するように、ひたすら愛の実践に励むしかないというのである。

「三つの指環の譬喩」は、ユダヤ教、キリスト教、イスラム教のうちどれが真の宗教であるかという、サラディンの難問をかわすために案出されたものであったが、レッシングはこの譬喩を通して、歴史的宗教の真理性は客観的には証明され得ないということを示唆している。「どれが本物の信仰であるかは、いまのわれわれには証明できない」。このようにレッシングによれば、歴史の中間時においては、すべてのものは両義的ないし多義的である。それゆえ、「真理は一つ以上の形姿で働く」(Die Wahrheit rühret unter mehr als einer Gestalt)[39] ということにならざるを得ない。だがこれを裏返せば、歴史的真理はすべて部分的かつ制約的なものにとどまり、部分的にはまた非真理を含んでいるということである。レッシングはこういう洞察を側面から支える目的で、『人類の教育』*Die*

Erziehung des Menschengeschlechts（1780）の冒頭に、「コレラスベテノコトハ、或ル点ニオイテ偽デアルトイウ理由ニヨリ、或ル点ニオイテハ真デアル」（Haec omnia inde esse in quibusdam vera, unde in quibusdam falsa sunt）というアウグスティヌスの言葉を引いている[40]。

以上、われわれはレッシングにおける真理探求の問題を考察してきたが、これによってLessingwortが彼の思想の真髄を凝縮したものであるだけでなく、プロテスタント・キリスト教の精神に深く棹さしたものであることが明らかになったことと思う。「各人は自分にとって真理と思えることを語ろう。そして真理そのものは神に委ねよう！」（Jeder sage,was ihm Wahrheit *dünkt,* und *die Wahrheit selbst* sei Gott empfohlen!）[41]。この言葉はLessingwortをさらに圧縮したものであるが、かかる精神に支えられたレッシング的真理探求は、新プロテスタンティズムの貴重な精神的遺産の一つとして、今日ますますその価値を増していると言えるであろう。

＊本研究においては、三種類の『レッシング全集』を用いており、それぞれ以下の略号で表すことにする。

B - *Werke und Briefe in zwölf Bänden*. Herausgegeben von Wilfried Barner zusammen mit Klaus Bohnen, Gunter E. Grimm, Helmuth Kiesel, Arno Schilson, Jürgen Stenzel und Conrad Wiedemann. Frankfurt am Main : Deutscher Klassiker Verlag, 1985ff.

G - *Werke*. In Zusammenarbeit mit Karl Eibl, Helmut Göbel, Karl S. Guthke, Gerd Hillen, Albert von Schirnding und Jörg Schönert. Herausgegeben von Herbert G. Göpfert. 8 Bde. München : Carl Hanser Verlag, 1970-1979.

LM - *Sämtliche Schriften*. Herausgegeben von Karl Lachmann, dritte, auf's neue durchgesehene und vermehrte Aufl., besorgt durch Franz Muncker. 23 Bde., Stuttgart（Bd. 12ff.）, Leipzig（Bd. 22f.）, Berlin und Leipzig 1886-1924. Nachdruck, Berlin : Walter de Gruyter, 1968.

引用に際しては、LM 13, 23-24 ; G8, 32-33（Eine Duplik）のように、二種類の『全集』の略号、巻数、頁数を併記した後、出典が簡単にわかるように、当該テキストの略名を括弧にくくって挙げることにする。なお書簡に関しては、LM 18, 356（An Elise Reimarus vom 28. Nov. 1780）; B 12, 361（Brief Nr. 1602）のように、ＬＭ版とＢ版の情報を併記することにする。

（1）LM 13, 23-24; G 8, 32-33（Eine Duplik）。

（2）筆者は、水垣　渉『宗教的探求の問題』（創文社、一九八四年）、四九頁を通してこのことを知ったが、そこでも述べられているように、クレメンスのこの言葉とレッシングの言葉との類似性と相違を最初に指摘したのは、バイシュラークである。Karlmann Beyschlag, *Evangelium als Schicksal: Fünf Studien zur Geschichte der Alten Kirche*（München: Claudius Verlag, 1979）, S. 45 u. 137 Anm. 29参照。なお、ここで引用したクレメンスの言葉に関しては、上掲書における水垣訳をそのまま借用させていただいた。

（3）『アリストテレス全集』第一三巻（岩波書店、一九七三年）、一八—二五頁参照。

（4）Gottfried Wilhelm Leibniz, *Principes de la Nature et de la Grace, fondés en raison*, in *Die philosophischen Schriften*, hrsg. v. C. I. Gerhardt, Bd. VI（Hildesheim: Georg Olms, 1961）, S. 606. 訳文は『ライプニッツ著作集』第九巻（工作舎、一九八九年）の米山優訳を借用。

（5）Wilhelm von Humboldt, *Ideen zu einem Versuch, die Grenzen der Wirksamkeit des Staates zu bestimmen*, in *Werke*, hrsg. v. Albert Leitzmann, Bd. 1（Berlin, 1903; Neudruck, Darmstadt: Wissenschaftliche Buchgesellschaft, 1980）, S. 57.

（6）Walter Pater, *The Renaissance: Studies in Art and Poetry*, Library Edition（London, 1910）, p. 236. なお、ペイターのこの言葉とLessingwortとの関係については、以下の論文から教示を受けた。H. B. Nisbet, "Lessing and the Search for Truth," *Publications of the English Goethe Society* XLIII（1972-73）: 72-95; here 74.

（7）Walter Kaufmann, *Discovering the Mind: Goethe, Kant, and Hegel*（New York: McGraw-Hill Book Company, 1980）, pp. 65-69参照。

（8）Johann Wolfgang von Goethe, *Faust*, in *Goethes Werke*（Hamburger Ausgabe in 14 Bänden）, Bd. 3, hrsg. v. Erich

Trunz (Hamburg : Christian Wegner Verlag, 1949 ; Neudruck, München : Verlag C. H. Beck, 1993), S. 18.

(9) Ibid., S. 359.

(10) Ibid., S. 57.

(11) グリムのドイツ語辞典は“Wahrheit”の項において、二十回以上にわたってレッシングの用例を引用している。*Deutsches Wörterbuch von Jacob und Wilhelm Grimm*, bearbeitet von Dr. Karl von Bahder und Mitwirkung von Dr. Hermann Sickel, Bd. 27 (Leipzig : Verlag von S. Hirzel, 1922 ; Neudruck, München : Deutscher Taschenbuch Verlag, 1991), S. 839-911.

(12) LM 12, 94 ; G 7, 221 (Andreas Wissowatius).

(13) LM 13, 88 ; G 8, 99 (Eine Duplik).

(14) LM 1, 256 ; G 1, 171 (Die Religion).

(15) LM 1, 256 ; G 1, 171 (Die Religion).

(16) LM 2, 99 ; G 1, 527 (Die Freigeist, IV/3).

(17) LM 9, 13 ; G 6, 19 (Laokoon).

(18) Ibid.

(19) LM 8, 24 ; G 5, 53 (Literaturbriefe I, 11. Brief) (傍点筆者)。

(20) LM 17, 17-18 (An Johann Gottfried Lessing vom 30. Mai 1749) ; B 11/1, 26 (Brief Nr.21).

(21) LM 13, 143 ; G 8, 162 (Anti-Goeze, I).

(22) LM 8, 133 ; G 5, 171 (Literaturbriefe III, 49. Brief).

(23) LM 10, 419 ; G 6, 379 (Briefe, Antiquarischen Inhalts)

(24) LM 4, 382 ; G 3, 81-82 (Berlinische Privilegierte Zeitung, 1751).

(25) LM 11, 4 ; G 6, 407-408 (Wie die Alten den Tod gebildet).

(26) LM 11, 3 ; G 6, 407 (Wie die Alten den Tod gebildet).

(27) LM 12, 430 ; G 7, 459 (Gegensätze des Herausgebers).

（28）LM 12, 430；G 7, 460（Gegensätze des Herausgebers）.

（29）LM 5, 322；G 7, 21（Rettung des Cardanus）.

（30）LM 13, 149-151；G 8, 194-195（Anti-Goeze, II）.

（31）レッシングは『人類の教育』の序言において、自分は「今日のお決まりの道よりは幾分かすぐれたものを見渡すことができると信じているような高み」に立っていると述べているが、これはレッシングにおける新しい真理の認識を示唆するものである。LM 13, 415；G 8, 489（Die Erziehung des Menschengeschlechts）.

（32）LM 11, 69-70；G 7, 79-80（Berengarius Turonensis）.

（33）LM 11, 70；G 7, 80（Berengarius Turonensis）.

（34）LM 18, 266（An Karl Lessing vom 16. März 1778）；B 12, 131（Brief Nr.1351）.

（35）LM 13, 353；G 8, 459（Ernst und Falk, II）.

（36）レッシングにおける「知恵」の問題に関しては、拙著『レッシングとドイツ啓蒙』（創文社、一九九八年）第五章第五節の議論を参照されたい。

（37）この問題とは別に、レッシングにおける真理概念を考察する上で見逃せないのは、「三つの指環の譬喩」が語られる直前のシーンにおけるナータンの独白の内容である。そこでレッシングは真理をお金（貨幣）に見立てた議論を展開しているが、マーク・シェルによれば、真理とお金（貨幣）とのこのような比較はきわめて重要な洞察を含んでいる。See Marc Shell, "What is Truth?: Lessing's Numismatics and Heidegger's Alchemy," in *Money, Language, and Thought: Literary and Philosophical Economies from the Medieval to the Modern Era*（Berkeley, Los Angeles, & London: University of California Press, 1982）, pp. 156-177.

（38）レッシングが宗教の「内的真理」を強調するのもこのことと無関係ではない。

（39）LM 4, 277；G 3, 40（Kritische Nachrichten, 1751）.

（40）この点に関する詳しい考察については、拙著『レッシングとドイツ啓蒙』第六章の議論を参照されたい。

（41）LM 18, 269（An Johann Albert Heinrich Reimarus vom 6. Apr. 1778）；B 12, 144（Brief Nr. 1358）.

第二章　トレルチの「わたしのテーゼ」
――セバスティアン・フランクの思想史的境位に関して――

トレルチにはいくつかの有名なテーゼがある。おそらく最も有名なものは、近代がルネサンスや宗教改革からではなく十八世紀の啓蒙主義から開始するというテーゼであろう。「古プロテスタンティズム」(Altprotestantismus)と「新プロテスタンティズム」(Neuprotestantismus)の峻別に関するテーゼは、これと表裏一体の関係にある。ルネサンスよりも宗教改革のほうが近代世界の成立により貢献した、というテーゼもかなりの物議を醸したものである。だが本章で問題とするテーゼは必ずしもよく知られているとは言い難い。しかしこれはまさにトレルチが「わたしのテーゼ」(meine These)と呼んでいるもので、われわれが以下に論証するように、彼にとって特別な重要性を有するものであった。それは「学問的思想建築における近代の宗教哲学と神学は、ルターの客観的な言葉と権威の神学よりも、そして啓蒙主義の自然神学よりも、スピリチュアリスムスにはるかに近い」[1]というテーゼである。トレルチによれば、「この認識は近代的思惟の理解にとってこのうえなく重要」なものであり、わけてもセバスティアン・フランク(Sebastian Franck, 1499-1542)は、宗教改革期のスピリチュアリスムスの[2]「最も才気に富み人間的に無限の魅力をもった代表者」(geistvollster und menschlich unendlich anziehender Vertreter)であり、彼が主唱した「霊と霊のうちに含まれている神的火花とに関する教理」(die Lehre vom Geist und dem im Geiste enthaltenen Gottesfunken)[3]は、近代の宗教哲学と神学に対して計り知れない意義を有しているという。そこで本章においては、トレルチのこの「テーゼ」をセバスティアン・フランクに即して考察してみたいと思う。

1 トレルチの「わたしのテーゼ」とは何か

上に紹介したトレルチの「わたしのテーゼ」は、ルドルフ・オットーの『聖なるもの』に関連しての書評的エッセーのなかで、一九一八年に述べられたものであるが、彼は『近代におけるプロテスタント・キリスト教と教会』において、すでに以下のような見方を明確に打ち出している。

「宗教改革者たちは再洗礼派を徹底的に抑圧した。彼らは行動し形成する指導者としてはそうするしかなかったのである。時代と状況は領邦内に統一的な秩序をうち立てる教会を必要としており、分派ないし自由に形成された色とりどりの豊富な共同体を必要としてはいなかった。世俗的生活と宗教的共同体はまだ分離されていなかった。再洗礼派の人々とスピリチュアリステンは批判することができるだけで、何かを創りだすことはできなかった。時代は再洗礼派にとって熟していなかったし、再洗礼派は時代にとって熟していなかった。しかしイギリス革命と敬虔主義とともに、再洗礼派にその世界史的成功の時がやって来た。まずは国家と教会の関係の実践的形成と宗教的共同体そのものの理解において。しかし次にまた学問的にも。レッシングとゼムラー、ロックとベールにおいてプロテスタンティズムの新しい概念が定式化されたとき、そこではその新しい概念は精神ならびに良心の自由、人格的な感情の宗教、教義ならびに神学からの独立、宗教的なものを倫理的なものにおいて試験すること、宗教的真理の永遠的現在性とあらゆる歴史的なものに対するそれの自由を意味した。これらすべてのことはルター主義的でも、カルヴァン主義的でも、はたまた純粋に人文主義的でもなく、とりわけ再洗礼派、スピリチュアリスムス、独立派の入り混じった性格を帯びている。シュライアーマッハーの宗教論は、彼の講話においては、再洗礼派的な宗教理論ならびに共同体理論を、宗教哲学的ならびに歴史哲学的な基礎づけをもって告知したものである。そして今日のプロテスタンティズムは、学問的にも社会学的にも——倫理と世界との関連性を度外視すれば（だがここでもルターは唯一の巨匠ではない）——、その英雄たるルターよりもセバスティアン・フランクにより近い立場に立っている」。[4]（傍点筆者）

ここに引用したのは一九〇九年の第二版からであり、一九〇六年の第一版では、「時代と状況は領邦内に統一的な秩序をうち立てる教会を必要としており、分派ないし自由に形成された色とりどりの豊富な共同体を必要としてはいなかった。世俗的生活と宗教的共同体はまだ分離されていなかった」のくだりと、「レッシングとゼムラー、ロックとベールにおいてプロテスタンティズムの新しい概念が定式化されたとき、そこではその新しい概念は精神ならびに良心の自由、人格的な感情の宗教、教養ならびに神学からの独立、宗教的なものを倫理的なものにおいて試験すること、宗教的真理の永遠的現在性とあらゆる歴史的なものに対するそれの自由を意味した。これらすべてのことはルター主義的でも、カルヴァン主義的でも、はたまた純粋に人文主義的でもなく、とりわけ再洗礼派、スピリチュアリスムス、独立派の入り混じった性格を帯びている」のくだりは欠けており（したがって、この二箇所は一九〇九年の加筆であることが判明する）、また若干の文言が異なっているが、[5]傍点を施した肝心の部分は一九〇六年の時点ですでにハッキリと主張されている。

一九一二年の大著『キリスト教会と諸集団の社会教説』においては、トレルチはセバスティアン・フランクに関連して、以下のような実に意味深長な見解を披露している。

「セバスティアン・フランクがそれに最も鋭く深遠な表現を与えた思想が、ふたたび確固たる地歩を占めた。この意味での神秘主義はライプニッツ的宗教哲学の核心をなすものである。たとえあらゆることがらの調停に乗り出したこの人物がいかに断固として正統主義的に振る舞おうとしてもである。この道をすでにスピノザが歩んでいた。有神論的・個人主義的な理解をもって、ヘルダーとゲーテが彼のあとに従った。ゲーテは自らの見解をゴットフリート・アルノルトの教会史から汲み出した。レッシングはヘルンフート派の感情キリスト教を引き合いに出して、悟性と批判から宗教を救った。それ以外の点では純粋に倫理的・有神論的であり、決して神秘主義的な感受性を持ち合わせなかったが、それにもかかわらず宗教をも精神ならびに理念としてのみ承認したカントは、救済史をそのような仕方で扱った。教義を永遠的真理とつねに繰り返される現在的事象の象徴へと精神化する彼のやり方は、完全にスピリチュアリスムスの意味においてなされている。フィヒテ、シェリング、ヘーゲルに関しては、突っ込んだ証明の必要はない。後二者は明確に古い神秘主義的文献に遡ったし、さらに後期シェリングのグノーシスもベーメに倣ったスピリチュアリスムスである。しかしなかんずくハーマン、フリードリヒ・ハインリヒ・ヤコービ、そしてラヴァーターにおいて、彼らの限りなく刺激的な理念がいかにキリスト教神秘主義に、ないしはまさしくスピリチュアリスムスに由来するものであるかは一目瞭然である」[6]。

セバスティアン・フランクを先蹤とするプロテスタント的スピリチュアリスムスと広義の「ドイツ・イデアリスムス」[7]とのかかる思想史的ないし精神史的連関を背景にしながら、トレルチはなかんずく《歴史と信仰》という近代プロテスタント神学にとっての根本問題――この問題は同時に「現代的生の真に深刻かつ困難な問題」[8]でもある――に関しても、次のような重大な発言をしている。「そこから信仰に対する歴史の意義という問題も、近代神学においては中心的な問題となった。近代神学はルターとカルヴァンよりもマイスター・エックハルトとセバスティアン・フランクにより近親的であり、そして現代にとってのルターという点では、彼のスピリチュアリスムス的な発端のみを重んずる。近代神学は完全に古きスピリチュアリスムスを更新したものである」[9]と。

トレルチの問題の「テーゼ」が有している重大性を認識するには、以上の用例ですでに十分かとも思われるが、念を押す意味でさらに、『社会教説』の一年前に書かれた『信仰に対するイエスの歴史性の意義』から引用しておきたい。この書におけるトレルチによれば、「マイスター・エックハルトないしセバスティアン・フランクの信仰のように、真の宗教的信仰ではあるが、歴史を神化する古い救済信仰への関係を解消してしまった、キリスト教的な救済信仰」こそは「近代の教養人の秘かなる宗教」(die heimliche Religion des modernen gebildeten Menschen)[10]であり、「現代は古き神秘主義者とスピリチュアリステンの思想に再び向かっている。彼らはキリスト教を内的な永遠に進展する、神の魂における働きのなかに見いだし、イエスの歴史的人格を承認することやそれを知っていることと、キリスト教を内的かつ必然的なものとしては結びつけなかった」[11]というのである。

以上の引証によって、「学問的思想建築における近代の宗教哲学と神学は、ルターの客観的な言葉と権威の神学よりも、そして啓蒙主義の自然神学よりも、スピリチュアリスムスにはるかに近い」という「テーゼ」が、まさにキリスト教思想史家としてのトレルチにとって、本質的な意義を有していたことが立証されたことと思う。トレルチは自己の「テーゼ」の傍証として、近代哲学史の書物において類似の認識を示したモーリッツ・クローネンベルクの名前を挙げているが[12]、クローネンベルクよりも十七年以上も前に、すでにヴィルヘルム・ディルタイは、一八九一／九二年の論攷「一五・六世紀における人間の把握と分析」のなかで、セバスティアン・フランクを「ほんとうに天才的な思想家にして著述家」(ein wahrhaft genialer Denker und Schriftsteller)[13]と呼び、彼を「近代宗教哲学の先駆者あるいは創設者」(Vorläufer oder Begründer der modernen Religionsphilosophie)[14]と見なしている。ディルタイによれば、「凡百の水路をとおって、フランクの思想は近代にむかって流れている」[15]という。トレルチは自己の「テーゼ」に言及する際に、直接的にディルタイの名前を挙げることを避けてはいるが、ディルタイの精神史的研究の諸成果は当然トレルチの熟知するところで、われわれとしてはトレルチが自らの「テーゼ」について語る際に、ディルタイのかかるフランク評価を暗黙裡に前提している、と仮定してよいであろう。(16)

2 トレルチにおける「神秘主義」類型の意義

第一節において引用した箇所からも容易に察することができるように、トレルチの「テーゼ」は彼の宗教社会学的研究と密接に関係しており、これは「キリスト教理念の社会学的自己形成」(die soziologische Selbstgestaltung der christlichen Idee)(17) の第三類型としての「神秘主義」(Mystik) の意義ならびに問題性と深く関わっている。そこで、次にこれについて簡単に見ておきたい。

トレルチが「キリスト教理念の社会学的自己形成」の主要類型の一つとして「神秘主義」に言及し出すのは、おそらく『社会科学および社会政策雑誌』Archiv für Sozialwissenschaft und Sozialpolitik の第二十八巻においてであって、『社会教説』の第一章「古代教会における基礎」を執筆した時点では、「神秘主義」はまだ独立した類型として見なされていなかった節が強い。すなわち、トレルチは『社会教説』を「教会」(Kirche) と「分派」(Sekte) という二類型をもって書き始め、第二章「中世カトリシズム」の最終部分になってはじめて、「神秘主義」を「分派」から明確に区別されるべき独立した「キリスト教理念の社会学的類型」として認知するに至った、という推測が成り立つ。(18) いずれにせよ、第三章の「プロテスタンティズム」になると、俄然「分派」と「神秘主義」、特に後者の代表である「プロテスタント的スピリチュアリスムス」の叙述に熱が入り、「教会」類型としての「ルター主義」と「カルヴィニズム」を凌ぐほど、「プロテスタントの地盤における分派類型と神秘主義」に、特に「神秘主義とスピリチュアリスムス」に重要性が付与されることになる。

トレルチが「神秘主義」によって何を意味しているかは、必ずしも一義的に明瞭ではないが（つまり彼によるこの概念の使用には相当の幅が見られる）、彼がいろいろな文脈で述べているところから、この類型の一般的な特徴《メルクマール》を抽出することは十分に可能である。そこでトレルチが「キリスト教理念の社会学的類型」としての「神秘主義」について述べていることを、まず彼の言葉そのもので引いておこう。例えば、「ストア的＝キリスト教的自然法と近代的世俗的自然法」（一九一一年）では、次のように述べられている。

「第三の類型は、熱狂主義（Enthusiasmus）と神秘主義（Mystik）である。神秘主義は、宗教的体験の直接性、現在性、内面性を、また伝統や祭儀や制度を超えた、もしくはそれらを補完すべき、神的なるものとの直接的な交わりを主張する。神秘主義にとって、すべての歴史的なもの・制度的なものは、神との時代を超えた内面的な交わりを刺激する手段であり、また喚び起こす手段であるにすぎない。この意味で神秘主義は原始キリスト教の熱狂主義、つまり神的なものの秘密を直接的に開示し、あるいは補完し、それを継続する霊の所有という教義のうちに現れていた。とくにパウロの宗教意識にはそうした神秘主義が深く浸透していたが、それは彼の救い、救済、教団制度《アンシュタルト》の理念との内面的な厳しい緊張関係にあった[19]」。

この引用においてもキリスト教的文脈との連関は濃厚であるとはいえ、ここでは普遍宗教史的な現象としての神秘主義についても妥当する「神秘主義」の諸特徴が語られているが、これに対して「キリスト教の社会哲学」（一九一一年[20]）においては、もっぱらキリスト教的文脈における神秘主義が問題となっており、「教会」、「分派」、「神秘主義」という三類型はイエス・キリストを信仰的に受容する仕方の相違として叙述されている。

「最後に、神秘主義は、魂におけるキリストの直接的現在への信仰、奇跡を働き、直接的な神の啓示を蔵するキリストの聖霊降臨への信仰である。神秘主義はキリストを、その肉によって知るのではなく、ただ内面で感得する神との現在的な合一と救済の神秘的な現実・力として知るのである。それは歴史も共同社会も祭儀も必要としないものであり、これらのものすべてを内面化し、自己の宗教生活の単なる刺激としてしまうのである。そしてこのような生活から神秘主義は、狭い人的・情誼的な共同社会のサークルを生み出すのであるが、これは好んで修道院に合流するか、あるいは宗教上の達人《ヴィルトゥオーゾ》を中心とする自由なキリスト教グループ形成体と合体するものである[21]」。

さらにもう一箇所引けば、『社会教説』の結論部分では、「神秘主義は、祭儀や教義において固定化された理念世界を、純粋に人格的・内面的な感情の所有へと内面化し直接化する運動である。そこではただ流動的で全く人格的に制約された諸グループの形成が行なわれうるだけで、その他の点では祭儀も教義も歴史的関係も溶解していく傾向にある[22]」と述べられている。

以上の限られた用例からもわかるように、「神秘主義」の重要な特徴としては、(1) 宗教的体験の直接性・現在性・内面性、(2) 歴史や祭儀や制度への非依存性、(3) ラディカルな個人主義、(4) 人格主義、(5) 社会的形成力の脆弱性、などが挙げられるであろうが、おそらく「神秘主義」類型のこうした特徴づけを最も詳細に論じている箇所は、『社会教説』第三章の4の後半部分「神秘主義とスピリチュアリスムス」の冒頭のところであろう。トレルチによれば、「神秘主義とスピリチュアリスムス」は、「ルター主義」ならびに「カルヴィニズム」という「プロテスタンティズムの教会的主流」の傍らを流れる、「分派類型」に次ぐ「第二の傍流」(der zweite Nebenstrom)[23]であるが、従来の教会史叙述においては、第二類型としての「分派類型」と第三類型としての「神秘主義とスピリチュアリスムス」との区別が不明確なままであり、「あたかも両者が本質的に同じものを意味しているかのように」

扱われるのがつねであった。「しかし事実は全く違っている」のであって、この両者は「ただたまたま混合してはいるものの、非常に異なった歴史的源泉と経過を持った二つの独立した流れなのである」[24]という。彼によれば、プロテスタント的神秘主義もまた、再洗礼派などの分派同様、宗教改革以前にすでに存在していた思想と方向を継承するものであるが、「しかしそれはルターの最も根源的な根本思想に対し、分派よりもずっと密接な連関に立っており、それゆえプロテスタンティズムの中にずっと強力な支持を持っている」[25]。「神秘主義を分派に対して正しく規定することは非常にむずかしい」が、しかしトレルチによれば、「両者の区別は、社会学的な諸帰結を考察することによって最も明瞭になるであろう」[26]という。なぜなら、そもそも「教会」と「分派」の区別が生じたのも、宗教社会学的な考察の結果であって、およそ三類型の区別ということはキリスト教理念の社会的ないし社会学的諸帰結からはじめて導き出されるものだからである。ともあれ、「神秘主義それ自体はすでに最古のキリスト教の時代まで遡り、とりわけプロテスタントの神秘主義の基礎となった思想財は、すでに一部はベルナルドゥスやヴィクトール的神秘主義の中で、また一部は崇高な思想的深みのある中世後期のいわゆるドイツ神秘主義の中で育成されたものである」[27]という。このように述べた上で、トレルチは以下のような「神秘主義の宗教的本質の一般的分析」を提示する。

「言葉の最も広い意味において神秘主義とは、宗教的体験の直接性、内面性、現在性への衝動（das Drängen auf Unmittelbarkeit, Innerlichkeit und Gegenwärtigkeit des religiösen Erlebnisses）に他ならない。神秘主義は、礼拝、儀式、神話ないし教義における宗教的生活の客体化というものをすでに前提としており、この客体化を再び生き生きとしたプロセスに戻そうとする、この客体化に対する反動であるか、もしくは、人格的、生命的刺激によって因襲的な礼拝を補おうとするものである。それゆえ神秘主義はつねに副次的な何かであり、意図的に反省されたものであり、それとは全く対立した感情それ自体の直接性と特徴的に同時に結びついている、意図的に引き起された興奮状態である。そのことを通して神秘主義はつねに、一片の逆説、大衆とその凡庸性に対するある対立、技巧的な、しかも自らの技巧性を直接的なものの中に解消してしまう感情的高揚を含んでいる。それゆえ、体験と体験の表現とが全く重なり合ってしまうような原始的な宗教的産物それ自体は、決して神秘主義的ではない。しかしおそらくこの宗教的産物の生命力は、客体化された宗教に対するとき、しばしば容易に神秘主義的現象になる。それは熱狂主義や狂躁主義《オルギアスムス》として、幻視や幻覚として、宗教的主観主義やスピリチュアリスムスとして、純粋に内面的かつ感情的なるものへの集中として表現される。これらの幻視は、もちろん創造的な新しい認識となることはまれであり、ほとんどつねに、〔宗教的〕共有財産に彩色をし解釈し直したものであって、共通財産がただここでは活性化し新たに継続しているにすぎない。古代キリスト教徒の御霊の賜物においても、中世の修道僧、修道尼、聖者のおびただしい幻視や預言においてもそうであって、この事情は今日までくり返されてきている。宗教的産物の生命力は、一般に行なわれる祭儀と並列してないしその内部に、特殊なより狭い密儀を作り出す。こうした密儀においては、救いは特別の内面的な仕方で獲得され、神の前での聖なる食事や犠牲、神性からの新生といった古い祭儀が、神性を直接的・神秘的に飲食すること、実際の新生と神化へと集約化され内面化されるに至る。それは、ちょうど寓意的な思案や、客観的なものを精神化してしまう解釈と同じように、預言やエクスタシーを作り出す。しかしそれはまた、古い祭儀や一般に認められた儀式を、直接的、実質的な〔神人〕合一の手段とする、神性との交流という熱狂的な現実主義を作り出す[28]」。

トレルチは、以上のような神秘主義一般の宗教的特徴づけを行なった上で、近代キリスト教思想の発展にとって最も重要な貢献をしたとされる「プロテスタント的スピリチュアリスムス」へと、彼の議論を収斂させていく。トレルチによれば、神秘主義はカトリシズムにおいては、純然たる客観的宗教の過度の引き締めを和らげる「補完的運動」(Ergänzung) として、カトリックの成義論と結びつくことができたが、プロテスタントの地盤における神秘主義は、「個人的・人格的な救いの確かさを求める根本方向において」、そして特にルター主義においては、「キリストにおいて自由にされた者の現在的な浄福という教説において」、信者を引きつける魅力となった。(29) 換言すれば、カトリックの神秘主義が「教会的外面性の代償」(eine Kompensation kirchlicher Äußerlichkeit) の役割を果たしたのに対して、プロテスタントの神秘主義は「宗教的認識、内面性、倫理の独立した原理」(selbständiges Prinzip religiöser Erkenntnis, Innerlichkeit und Ethik) として自己を捉え、活動したのである。(30) そしてかかる精神を醇乎たる表現にもたらしたのが、「セバスティアン・フランク、ヴァレンティン・ヴァイゲル、ディルク・コールンヘールトおよびジョン・ソルトマーシュといった、プロテスタント的スピリチュアリスムスの中の最も重要な思想家や最も内面的な人格(31)」であったと言われる。

3　トレルチのセバスティアン・フランク理解

そこでわれわれは次に、トレルチがセバスティアン・フランクについて集中的に語っているところを考察してみたい。かなり長い引用になるが、本章の主題にとって決定的に重要な箇所なので、委細を漏らさず全文引用することにする。

「シュヴェンクフェルトの神秘主義が依然として教会の境界内にとどまっており、特にキリスト教的に秩序づけられた共同体との関係を求めていたとすれば、この神秘主義は最も重要なそして最も自立的な主張者らにおいてこの境界を乗り越え、人文主義者たちの批判的合理主義と触れあう、一つの完全に個人主義的な原理となった。この原理は、教会的に自己を強化し客観化する改革に対する断固たる戦いを引き受け、そのために再び宗教改革者たちから、彼らの目標とするところにとっての最も危険な障害として、死においやられるほど憎まれ迫害されたのであった。エラスムスや宗教改革者たちと並んで、一般にこの運動の最も重要な指導者となったのは、セバスティアン・フランク、セバスティアン・カステリオ、そしてディルク・コールンヘールトである。

そのうち最も独創的なのが、ルターの同時代人セバスティアン・フランクである。新しい説教の不毛性、単なる言葉の職務をもって人間を聖化することの不可能性、主観的な〔倫理的〕成果を放棄した教会それ自体の即事的な聖性という馬鹿げた考えにつまずいて、彼はルター派の説教職を捨て、あたかもパウロが他に手仕事をして自活しつつ伝道したように、霊と内的言葉の唯一の救済力を説く文学的な預言者として生きた。彼にとってあらゆるキリスト教が拠って立つべき確固たる立脚点となったものは、中世の神秘主義との関わりにおいて、自己断念と放棄の段階から浄福と神形性へと昇りつめる、霊の内的な力であった。この霊の内的な力は、やがて自己聖化と兄弟愛の実践的倫理へとほとばしり出て、さらに人間の国家や社会を、神の秩序と許可によって存在する仕方にしなければならない。真の人格的なキリスト者は、彼の経験によればごくわずかしか存在せず、そのわずかな者たちは、たいてい何の結びつきも関係ももたずに世界中に散らばっていて、ただ彼らを知っている霊においてのみ結び合わされ、神の声を通してお互いを認識するにすぎない。霊が奇跡的に働く神の共同体としての教会が存在する。しかしそれは、信仰にとってだけであり、外面的な礼拝や外面的関係もなく、外面的な恵みの手段も書かれた文字の権威もない教会である。それはただ神によってのみ動かされる。しかし、この教会を産み出す霊それ自体は、心の根底から、被造物における神の内在から、人間の内の神的種子や火花からほとばしり出る魂の運動であり、それが意識の下層から立ち上がるところではどこでも、キリスト教的な霊と同一であり、重なり合うのである。それは、全被造物に注がれているロゴスないしわれわれの内なるキリストであり、あらゆる真の敬虔性と、キリスト教的な、ロゴスの受肉に明確に表現された敬虔性とを同一視させるものである。キリスト教的啓示のすぐれた点はただ、それがイエスと聖書記者たちの霊的充満から始まって、聖書的伝承の中に蓄積してゆき、そこからわれわれの内なる霊が燃え立たせられ、動かされることによって、この普遍的な、不変の真理内容を完全に提示することにある。もちろんそれが起こるのはただ、内的な霊の火花が、聖書の中への霊の受肉をすでに探し求め、憧れつつ待ち構えているところにおいてだけである。まさしく霊がはじめて聖書を解釈することを可能にする。聖書とは、霊的体験の永遠の内的真理を、堕罪と救贖の歴史的神話として寓意的に述べているものであり、別の言い方をすれば、書かれた文字面においては全く人間的・歴史的なるものであるが、霊によってはじめて生命へとよみがえるのである。普遍史的・宗教史的に考える有神論は、こうした考えから生じてくる。この有神論は、もちろんただ永遠の不変的真理内容を認めるだけで、聖書の寓意的考察を認め、聖書のいたるところで理念が歴史的神話へと姿を変えているのを嗅ぎつける。さらにそこから、普遍的な歴史哲学が成立する。それは、すべての歴史のいたるところに、つねに新たにくり返される戦い、すなわち、見えざるもの、霊的なもの、無私的なものを目指す信仰の、見ゆるもの、外面的なもの、自己追求的なものに固執する不信仰に対する戦いを見てとる。こうした事情のゆえに、それは教会、党派、分派を全く重視しない。いかなる改革も新しい教会を産み出すだけであるとすれば、新しい宗教改革ですら不要なものである。神によって明白に認定された霊と力の人間が現れるならば、人々は彼のまわりに集まってくるであろう。しかしそうでないかぎりは、あらゆる外的な礼拝と外的な権威をもたない、非分派的で自立した、聖化と兄弟愛の純粋に人格的・個人的なキリスト教というものは、課題であり続ける。フランクは、教会と分派が没落し、純粋に人格的な信仰と見えざる霊の共同体があらゆる国において、霊的な〔地の〕塩として世に仕えるために、存続していくところに、キリスト教の歴史の最終的な段階を見ている。それは明らかに、使徒的に公認された人間による目の前に差し迫った改革というシュヴェンクフェルト的思想の、非常に諦めきった表現であり、また将来の来るべき霊の注ぎに対しても、いかなる教会的性格も完全に断念するものである。こうして彼は、永遠の福音（evangelium aeternum）ないし第三の王国という古い神秘主義的教説に近づいていく。この教説は当然のことながら、彼を同時代の人々が受け入れるのを不可能にした。いたるところで迫害され、結局彼は自分の運命の足跡をもはやどこにも残さなかった。しかし彼の文書はオランダとイギリスにおいて生き続け、そこでわれわれは彼の作用し続ける理論に出会うのである[32]」。

以上の引用において、われわれはトレルチのセバスティアン・フランク理解の要諦を見いだす。それをわれわれなりに順不同に命題風に言い表せば、例えば次のように言えるであろう。（1）セバスティアン・フランクのスピリチュアリスムスは、シュヴェンクフェルトのそれよりも徹底したスピリチュアリスムスである。（2）シュヴェンクフェルトにおいては、教会との結びつきがまだ細々ながら保持されていたのに対して、フランクは教会との結びつきを完全に断ち切った「非分派的で自立した、純粋に人格的・個人的なキリスト教」（ein unsektisches und unabhängiges, rein persönlich-individuelles Christentum）を主張した。（3）フランクのスピリチュアリスムスは、「一つの完全に個人主義的な原理」（ein völlig individualistisches Prinzip）にまで深められたプロテスタント的神秘主義である。（4）フランクの最も独創的な教えは、霊ならびに神的火花の教説として展開されている。（5）真のキリスト者は霊と内的言葉によって捉えられた霊的・内面的な信仰者である。(6) 真の教会は、いっさいの外面的礼拝、外面的関係、外面的な恵みの手段、外面的権威をもたない霊的共同体、すなわち見えざる教会である。(7) 霊の運動は、心の根底から、人間の内の神的種子や火花からほとばしり出る。(8) 霊の内的な運動があるところには、どこにでもキリスト教がある。なぜなら、そこではキリスト教的な霊と同一の力が働いているからである。(9) 霊がはじめて聖書の解釈を可能にする。(10) 聖書は霊的体験の永遠の内的真理を歴史的神話として寓意的に述べたものであり、かかる真理は霊によってはじめて生命へとよみがえる。(11) 霊の遍在性を説くフランクの立場は、「普遍史的・宗教史的に考える有神論」(ein universalhistorisch-religionsgeschichtlich denkender Theismus) にならざるを得ない。(12) フランク的な非党派的キリスト教は、同時代人に受け入れられることはできず、必然的に諦念的にならざるをえない。(13) それは最終的に永遠の福音 (evangelium aeternum) ないし第三の王国という古い神秘主義的教説に接近する。

4　セバスティアン・フランクの思想史的境位

上記のようなトレルチのセバスティアン・フランク理解は、フランク研究がいまほど進んでいなかったその当時にあっては――現在でもそれほど進んでいるとは言い難いが――、本質的特質を正確に叙述した優れたものであるといえよう。トレルチがフランクのオリジナルな書物にどの程度精通していたかは判らないが、少なくとも主著の『パラドクサ』*Paradoxa ducenta octoginta* (1534) と『年代記、時代の書ならびに歴史聖書』*Chronica, Zeitbuch und Geschichtbibel* (1531) については、直接これを読んでいたことはたしかである。[33] それ以外には、ディルタイ、アルフレート・ヘーグラー、およびハインリヒ・ツィーグラーの研究を参照していることが確認できる。(34) なかでもヘーグラーの研究からは実に大きな示唆を受けている。トレルチはこのテュービンゲンの歴史神学者の記念碑的労作『セバスティアン・フランクにおける霊と文字——宗教改革期におけるスピリチュアリスムスの歴史についての研究——』*Geist und Schrift bei Sebastian Franck. Eine Studie zur Geschichte des Spiritualismus in der Reformationszeit*（1892）を熟読しているだけでなく、『セバスティアン・フランクによるドイツ神学のラテン語注解とオランダ語で保存されている彼の小冊子』*Sebastian Francks lateinische Paraphrase der Deutschen Theologie und seine holländisch erhaltenen Traktate*（1901）と遺作『宗教改革期における神秘主義の歴史についての論集』*Beiträge zur Geschichte der Mystik in der Reformationszeit*（1906）、さらにはハルナックの『教理史教本』全三巻に対するヘーグラーの書評(35)からも、重要な示唆を受けていることが判明する。「ヘーグラーの労作に示唆されたトレルチが、キルヘ及びゼクテ型とならぶ第三の型として神秘家類型をつくったのは、まさしく彼〔フランク〕を模してであった(36)」と言うことが可能かどうか、それを判断するだけの十分な資料を筆者は持ち合わせないが、しかし少なくともトレルチの第三類型の成立にとって、ヘーグラーのセバスティアン・フランク研究が決定的とも言える大きな意義を有していたことは、以下に考察する論拠からしても、おそらく否定できないであろう。

　トレルチは『社会教説』において、「分派」と「神秘主義」を区別する必要があることを最初に明確に主張した箇所で、ハルナックの『教理史教本』に対するヘーグラーの書評を引証しているが、ヘーグラーはハルナックの『教理史教本』を批判して次のように述べている。「教会《ゲマインデ》とサクラメントを再建しようとする本来的な再洗礼派と、あらゆる《外面的なもの》をはねつけるスピリチュアリスムスとを可能な限り鋭く区別し、後者を神秘主義的グループに割り振ったほうがよい(37)」と。トレルチが最も頻繁に引証する『セバスティアン・フランクにおける霊と文字』

においては、ヘーグラーは彼の透徹したフランク研究の成果として次のようなフランク像を提示する。「フランクはいかなる信奉者も欲しない。スピリチュアリスムスは彼においては、宗教における共同体形成的要素を解消してしまっている」[38]。このように集団形成的な再洗礼派と「孤独な個人主義者」[39]のフランクを基本的に区別した上で、ヘーグラーは両者の《霊と文字》についての理解の根本的相違を次のように指摘する。「フランクの理解は、熱狂主義的要素が後退しているため、再洗礼派のサークルにおいて支配的な文字と霊に関する教説からは区別されている。彼は彼らにまさって冷静な考察を行なっている。かかる冷静な考察によって、彼は《霊》を引き合いに出しても、多くの再洗礼派のように目を欺かれて自分たちのもとで通用している権威の外面性や機械的行使を直視できなくなったり、リベルタン的誤用の危険を直視できなくなったりもしなかった。預言を結果によって検証する開かれたこの世的分別、霊をその行為によって測る厳格な倫理的判断、思惟によってすっかり取り出されたキリスト教的真理の核心を得ようとする努力などは、彼のいう《霊》の原理を再洗礼派の諸理論から区切るものである」[40]。

以上のように、最初はハルナック同様、「再洗礼派とスピリチュアリステン」という「お決まりの定式」（eine stehende Formel）[41]を共有していたと思われるトレルチに、この両者をはっきりと区別する必要があることを強く示唆したのは、ほぼ間違いなくヘーグラーである。その際、セバスティアン・フランクという「その時代の最も高貴で最も自由な精神の一人」[42]の存在が、ヴェーバー的な「教会」と「分派」という二分法では、宗教改革期ならびにそれに続く近代のキリスト教史をうまく捌けないことをトレルチに教え、[43]かくして従来ごっちゃにされていた「再洗礼派とスピリチュアリステン」の細分化が生じて、第二類型の「分派」から独立して第三類型の「神秘主義」が成立することになったのではなかろうか。これがわれわれの推測するところであるが、もしこの推理が正しいとすれば、セバスティアン・フランクの存在とそのスピリチュアリスムス的思想は、トレルチの宗教社会学的三類型の決定的成立に対して甚大な意義を有していたことになる。

このように、われわれはヘーグラーの研究を媒介にして、トレルチとセバスティアン・フランクの、従来あまり論じられたことのない関係を明らかにしたのであるが、しかしトレルチがただ一方的にヘーグラーに依存していたのではないこともたしかである。ヘーグラーにおいてはいまだ確立されていなかった宗教社会学的研究の方法をマックス・ヴェーバーから学んだトレルチは、ヘーグラーがセバスティアン・フランクひとりについて打ち出した命題を、ヘーグラーよりもはるかに豊富な歴史的資料と題材にあたって、しかもはるかに洗練された社会学的手法を駆使しつつ、全キリスト教史的スケールにおいて実証してみせた。この点はやはり、ヘーグラーからもヴェーバーからも独立した、トレルチ独自の功績と言えるであろう。

トレルチのフランク理解が、単にヘーグラーやディルタイからの借り物でないことは、例えばディルタイのフランク解釈に対する彼の批判からもよく伺える。トレルチは、「ディルタイもわたしには、フランクやコールンヘールトのような人の《普遍的有神論》における《理性的なもの》を過大評価しているように思われる。ソッツィーニ派、アルミニウス派、理神論者などの合理主義的神学に対するスピリチュアリスムスの相違は、社会学的な側面からしても、興味がないことはない(44)」と述べて、ディルタイのフランク解釈に一定の留保をつけている。それだけではなく、彼はまたディルタイ批判を媒介にしながら、間接的にフランクの思想の一定の限界をも示唆している。われわれの考察の出発点は、フランクの思想と近代の神学ならびに宗教哲学との親近性に関する彼のテーゼであったが、以下に紹介する注解は、そのテーゼ自体にも一定の留保が必要であることを暗示している。すなわち、トレルチは第三節で紹介した彼のフランク理解につけ加えて、脚注部分において次のような興味深いコメントを披露している。

「ディルタイは、わたしの考えでは、〔フランクと〕中世の神秘主義との連関を十分強く強調せず、それをあまりにも強く近代化している。レッシング、カント、シュライアーマッハー、そしてヘーゲル以降の近代宗教哲学と、彼の思想との類縁性は、たしかに明白である。しかしフランクにおいては、真理の歴史的運動は話題にならない。彼は全く歴史を喪失した、絶対的な、ただもう完全に精神化された真理概念を有している。彼は世界を敵対視する二元論（ein weltfeindlicher Dualismus）を信奉しているが、これは進展的に勝利する普遍的な宗教的運動を排除し、近代的倫理にまさしく対立するものである。最後に、彼は聖書を宗教史的ならびに心理学的にというよりは、むしろ寓意的《アレゴーリッシュ》・オカルト的に取り扱っている。彼の祭儀を欠いた個人主義と、彼の神秘主義的な内在思想は、ディーデリクス出版社の宗教政策に奉仕する、彼の『パラドクサ』の新版（一九一〇年）が示しているように、当然のことながら現代人の賛同を得ている[45]」。

ここに示されているのは、フランクの思想と広義のドイツ・イデアリスムスの宗教哲学との間に類縁性が存在するにもかかわらず、あるいは彼の個人主義と内在主義が現代人の賛同を得られるものであるにもかかわらず、この「十六世紀の近代的思想家」（ein moderner Denker im 16. Jahrhundert[46]）を安易に近代化して捉えてはならないという、歴史家トレルチの冷静な歴史認識である。それは自らの「テーゼ」に対する自戒でもある。トレルチによれば、フランクはいまだ世界を敵視する二元論のうちに、それゆえ中世的世界観のうちに生きていたのであって、近代に特徴的な発展史的世界観は彼にとって無縁のものであった。それゆえ、かつてトレルチがそれを言ったために激しい論争が起った、宗教改革者ルターの場合と同様、フランクもいまだ中世的な枠組みを完全には脱却していない。それにもかかわらず、フランクにおいて決定的に生じた「宗教改革期の哲学的思弁の覚醒」（das Erwachen der philosophischen Spekulation der Reformationszeit[47]）は、やがて中世という厚い時代の壁を突破して、近代の神学ならびに宗教哲学をもたらすことになるのである。

(1) Ernst Troeltsch, "Zur Religionsphilosophie. Aus Anlaß des Buches von Rudolf Otto über „Das Heilige" (Breslau 1917)," *Kantstudien* 23 (1918), 65-76 ; hier 75.

(2) 筆者は以前から、「心霊主義」とか「神霊主義」という訳語を避けて、"Spiritualismus"という用語をそのまま「スピリチュアリスムス」と片仮名表記してきた。しかし「霊性」(spilituality ; Spiritualität) という用語が学問的に定着した現在、これと密接な関係に立っている「スピリチュアリスムス」を「霊性主義」と訳すのも一つの方法であろうかとも思う。金子晴勇『ルターとドイツ神秘主義』(創文社、二〇〇〇年) は、明確に「霊性主義」、「霊性主義者」という用語を採用しているが、筆者はこれらの用語を全面的に使用することにまだ若干の躊躇いがあるので、本書ではこれまで通り「スピリチュアリスムス」、「スピリチュアリステン」という用語を使用することにする。

(3) Troeltsch, "Zur Religionsphilosophie," 75.

(4) Ernst Troeltsch, "Protestantisches Christentum und Kirche in der Neuzeit," in *Geschichte der christlichen Religion*, Die Kultur der Gegenwart. I/IV, herausgegeben von Paul Hinneberg, 2. stark vermehrte und verbesserte Aufl. (Berlin und Leipzig : Druck und Verlag von B. G. Teubner, 1909), S. 516.

(5) Ernst Troeltsch, "Protestantisches Christentum und Kirche in der Neuzeit," in *Die christliche Religion*, Die Kultur der Gegenwart. I/IV, herausgegeben von Paul Hinneberg (Berlin und Leipzig : Druck und Verlag von B. G. Teubner, 1906), S. 305.

(6) Ernst Troeltsch, *Gesammelte Schriften*, Bd. 1, *Die Soziallehren der christlichen Kirchen und Gruppen* (Tübingen : J. C. B. Mohr, 1912 ; Nachdruck, Aalen : Scientia Verlag, 1977), S. 927 (以後 GS 1と略記)。

(7) 「ドイツ・イデアリスムス」(der deutsche Idealismus) は「歴史的・主題的な二重概念」であって、原語におけるそれは広狭二義に解することができる。狭義におけるそれは、通常「ドイツ観念論」と訳され、十八世紀から十九世紀にかけてのドイツで現れた一連の思想体系をさしており、第一義的にはそれはカント哲学を踏まえて出てくるフィヒテ、シェリング、ヘーゲルなどの哲学体系を意味している（カントをそれに含めるか否かは議論が分かれるところである）。広義におけるそれは、上記の三人の哲学者だけでなく、カント、レッシング、ヘルダー、ヤコービ、ゲーテ、シラー、ジャン・パウル、シュレーゲル兄弟、シュライアーマッハー、ノヴァーリスなどを含み、一七五〇年頃から一八三〇年頃にかけてドイツの精神生活を主導した、文芸ならびに思想上の広範な運動を指している。それゆえ広義の「ドイツ・イデアリスムス」と言った場合、そこにはシュトゥルム・ウント・ドラング、ドイツ古典主義、ロマン主義なども含められる。

（8）Ernst Troeltsch, "Glaube IV: Glaube und Geschichte," in *Religion in Geschichte und Gegenwart*, Bd. 2, Sp. 1452.

（9）GS 1, S. 934.

（10）Ernst Troeltsch, *Die Bedeutung der Geschichtlichkeit Jesu für den Glauben*（Tübingen: J. C. B. Mohr, 1911）, S. 8.

（11）Ibid., S. 16.

（12）「クローネンベルクは彼の『近世哲学史』のなかで、個々の点においてそれを証明することなしに、この認識を一般的に、そして神学をはるかに超えてゆく射程において、主張している」。Troeltsch, "Zur Religionsphilosophie," 75. ここでトレルチが「近世哲学史」"Geschichte der neueren Philosophie"として言及している書物は、おそらくクローネンベルクの『ドイツ観念論の歴史』*Geschichte des deutschen Idealismus*（München: C. H. Beck, 1909）のことであろうと推察される。

（13）Wilhelm Dilthey, *Gesammelte Schriften*, Bd. 2, *Weltanschauung und Analyse des Menschen seit Renaissance und Reformation*（Stuttgart: B. G. Teubner Verlagsgesellschaft, 1913; Nachdruck, Göttingen: Vandenhoeck & Ruprecht, 1957）, S. 80-81. この部分の邦訳は西村貞二訳『ルネサンスと宗教改革――十五・十六世紀における人間の把握と分析――』（創文社、一九七八年）一五五頁。

（14）Ibid., S. 85. 邦訳書一六三頁。

（15）Ibid. 邦訳書一六三頁。

（16）トレルチは『私の著書』*Meine Bücher*（1922）において、宗教改革に関する自分の研究がディルタイの研究とは独立したものであることを強調しながらも、結論においては後者とほぼ完全に一致していることを認め、ディルタイの精神史的労作から多大な学問的刺激と利益を得たことを表明している。GS 4, S. 7-8.

(17) GS 1, 967.

(18) しっかりした論拠をあげてこの点を最初に指摘したのは、おそらく近藤勝彦であろう。Katsuhiko Kondo, "Theologie der Gestaltung bei Ernst Troeltsch," Inaugural-Dissertation zur Erlangung der Doktorwürde dem Fachbereich I "Evangelische Theologie" an der Eberhard-Karls-Universität zu Tübingen, vorgelegt 1977, S. 270-272 Anm. 108.

(19) GS 4, 172.『トレルチ著作集』第七巻、二四七頁。

(20) Ernst Troeltsch, "Die Sozialphilosophie des Christentums," in: *Jahrbuch des Freien Deutschen Hochstifts*, Frankfurt 1911, S. 31-67. この論文は現在ではほぼそのままの形で *Gesammelte Schriften* Bd. 4のなかに"Epochen und Typen der Sozialphilosophie des Christentums"として再録されている。『著作集』第四巻に収録するに当たって、編者のハンス・バーロンが論文の題名を変えたのは、一九二二年に単行本として出版された同名の書物（Ernst Troeltsch. *Die Sozialphilosophie des Christentums.* Gotha 1922）との混同を避けるためであった。Cf. GS 4, X Anm 3.

(21) GS 4, S. 126-127.『トレルチ著作集』第七巻、一九三―一九四頁。

(22) GS 1, S. 967.『トレルチ著作集』第九巻、一八六頁。

(23) GS 1, S. 848. なお、邦訳はこの表現を「二つの傍流」というふうに誤訳し、「神秘主義」と「スピリチュアリスムス」を「二つの傍流」と見なしている。しかしトレルチが述べているのはそうではなく、「再洗礼派とプロテスタントの諸分派」が第一のプロテスタント的傍流であるとすれば、「神秘主義とスピリチュアリスムス」はそれに並ぶ「第二の傍流」だということである。『トレルチ著作集』第九巻、六〇頁参照。

(24) GS 1, S. 848.

(25) GS 1, S. 848-849.

(26) GS 1, S. 849.

(27) GS 1, S. 850.

(28) GS 1, S. 850-851.

(29) GS 1, S. 860-861.

(30) GS 1, S. 861.

(31) GS 1, S. 862.

(32) GS 1, S. 886-888.

(33) GS 1, S. 795 Anm. 433, 799 Anm. 439, 800 Anm. 440, 804 Anm. 441, 806 Anm. 442, 811 Anm. 447, 849 Anm. 466, 888 Anm. 484を参照のこと。

(34) GS 1, S. 795 Anm. 433, 799 Anm. 439, 880 Anm. 440, 806 Anm. 442, 849 Anm. 466-467, 861 Anm. 472, 867 Anm. 474, 877 Anm. 480, 888-889 Anm. 484, 893 Anm. 486, 897 Anm. 488, 898 Anm. 489, 904 Anm. 494, 923 Anm. 499, 942 Anm. 508.

(35) Alfred Hegler, Besprechung zu： A. Harnack： *Lehrbuch der Dogmengeschichte*, 3 Bände, Freiburg 1897, in： *Theologische Literaturzeitung*（=ThLZ）23（1898）, Sp. 252-259. cf. GS 1, 849 Anm. 467.

(36) 倉塚　平『異端と殉教――宗教改革における心情的ラディカリズムの諸形態――』筑摩書房、一九七二年、九一頁。

(37) Hegler, Besprechung zu： A. Harnack： *Lehrbuch der Dogmengeschichte*, 3 Bände, Freiburg 1897, in： ThLZ 23（1898）, Sp. 253.

(38) Alfred Hegler, *Geist und Schrift bei Sebastian Franck. Eine Studie zur Geschichte des Spiritualismus in der Reformationszeit*（Freiburg i. B： J.C.B. Mohr, 1892）, S. 273.

(39) Hans J. Hillerbrand, *A Fellowship of Discontent*（New York, Evanston, and London： Harper & Row, 1967）, p. 31. 本書はトーマス・ミュンツァー、セバスティアン・フランク、ジョージ・フォックス、トーマス・チャブ、D・F・シュトラウスという「教会史の偉大なドラマにおける五人の反対派役者」（five dissenting actors in the great drama of church history）を扱ったものであるが、その第二章は「孤独な個人主義者――セバスティアン・フランク」（The Lonely Individualist： Sebastian Franck）と題されている。

(40) Hegler, *Geist und Sclrift bei Sebastian Franck.*, S. 277-278.
(41) GS 1, S. 848.
(42) GS 1, S. 888 Anm. 484.
(43) 『パラドクサ』を一読すれば、フランクを「分派」に組み入れることができないことは一目瞭然である。「異端と分派は聖書の文字に源を発する」(Par. Vorrede) と考えるフランクは、「分派を形成すること (Sekten bilden)」(Par. 158-159) にきわめて否定的である。彼によれば、「間違いなくあらゆる分派は悪魔に由来するもので、肉の実 (ガラテア書五章) であり、時間、空間、人、掟、構成要素に結びついている」(Par. Vorrede)。彼は、「わたしは新しい、別個の教会、新しい職務、新しい洗礼、あるいは新しい聖霊の派遣をもはや待望できない」(Ibid.) と言い、再洗礼派においても重要性を留めている礼拝儀式についても、「まことに、諸儀式は神のもとでの浄福にとってペストのごときものであり、あらゆる分派と異端の原因である」(Par.89) と述べている。このような言説は『パラドクサ』の随所に見られるので、もしトレルチがこの書を読んでいたとすれば、ヘーグラーの指摘を待つまでもなく、フランクならびに彼が代表するスピリチュアリスムスを再洗礼派と同じ「分派」類型に入れることができないということは、彼にとって明らかであったであろう。
(44) GS 1, S. 875 Anm. 479.
(45) GS 1, S. 888 Anm. 484. なお、トレルチはハインリヒ・ツィーグラー編集の『パラドクサ』の新版を一九一〇年出版としているが、これは一九〇九年の間違いである。Cf. Sebastian Franck, *Paradoxa*, eingeleitet von W. Lehmann, und hrsg. von Heinrich Ziegler (Jena : Diederichs, 1909).
(46) この意味深長な呼称は、アルノルト・ライマンのフランク研究書の副題から取られたものである。Cf. Arnold Reimann, *Sebastian Franck als Geschichtsphilosoph. Ein moderner Denker im 16. Jahrhundert* (Berlin : Verlag von Alfred Ungar, 1921).
(47) Otto Borngräber, *Das Erwachen der philosophischen Spekulation der Reformationszeit, in ihrem stufenweisen Fortschreiten beleuchtet an Schwenkfeld, Thamer, Sebastian Franck von Wörd* (Schwarzenberg i. Sa. : Buchdruckerei von C.M. Gärtner, 1908).

第三章　トレルチの『信仰論』
――徹底的歴史性の神学の試み――

1　『信仰論』の成り立ちとその反響

エルンスト・トレルチの『信仰論』*Glaubenslehre*[1]は、ハイデルベルク大学神学部の組織神学教授であったトレルチが、一九一〇―一九一一年の冬学期、一九一二年の夏学期、そして一九一二―一九一三年の冬学期に、当大学で行なった信仰論に関する講義を、彼の熱烈な信奉者であり、また特別な弟子でもあったゲルトルート・フォン・ル・フォールが、自ら筆記した講義ノートに基づいて編集し、恩師の死後二年後に出版したものである[2]。

編者のゲルトルート・フォン・ル・フォール（Gertrud von le Fort, 1876-1971）についてはいまさら説明するまでもなく、『教会への讃歌』*Hymnen an die Kirche*（1924）、二部からなる自伝的長編小説『ヴェロニカの聖帛』*Das Schweißtuch der Veronika*（1928 & 1946）――特にその第二部『天使の花冠』*Der Kranz der Engel* はハイデルベルクが舞台となっており、主人公ヴェロニカの親代わりとして登場する「後見人」（Vormund）たる大学教授は、ハイデルベルク時代のトレルチをモデルにしていると言われている――、『断頭台の最後の女』*Die Letzte am Schafott*（1931）、『永遠の女性』*Die ewige Frau*（1934）、『愛のすべて』*Plus ultra*（1950）などの作品によって、独自のキリスト教文学の世界を劃した、二十世紀を代表するカトリックの女流作家である。現存の資料によれば、彼女はハイデルベルク大学時代のトレルチの講義のうち、一九〇八年の夏学期に「宗教哲学」、一九一〇―一一年の冬学期に「信仰論」と「近代哲学史」、一九一一年の夏学期に「普遍的倫理学」と「信条学」、一九一一―一二年の冬学期に「実践的キリスト教倫理学」と「哲学入門」と「神学概論」、一九一二年の夏学期に「宗教哲学」と「信仰論」、一九一二―一三年の冬学期に「信仰論Ⅱ」と「近代哲学史」を履修している。さらにその後、恩師トレルチがベルリン大学に移ってからも、一九一五―一六年の冬学期に「宗教哲学」を履修し、さらに一九一七年にも何度か講義を聴講している。[3] このことからも判るように、トレルチはル・フォールにとって終生特別の存在であり、前者が後者の精神的・宗教的形成に及ぼした影響は、甚大かつ永続的なものであった。[4]

ところで、このようにル・フォールの献身的協力によって世に出た『信仰論』は、トレルチ自身が少なくともそのままのかたちでは出版する意図をもっていなかったものであり（トレルチは「私の著書」という最晩年の自伝的随筆のなかで、「《教義学》にはもちろんわたしは決心がつきかねた」と述べている）、それにまたル・フォールがいかに卓越した宗教的・文学的センスの持ち主とはいえ、当時の彼女はあくまでも「一学生」にすぎなかった（しかも厳密には、彼女は正規の学生ではなかった！）ので、そのような学生の筆記した講義ノートに基づいて編集された本書は、同じようにトレルチの死後友人フリードリヒ・フォン・ヒューゲルによって編集・出版された、『歴史主義とその克服』*Der Historismus und seine Überwindung*（1923）、『観察者の書簡』*Spektator-Briefe*（1924）『著作集』第四巻の『精神史・宗教社会学論集』*Aufsätze zur Geistesgeschichte und Religionssoziologie*（1925）、『ドイツ精神と西欧』*Deutscher Geist und Westeuropa*（1925）、などとは根本的に異なって、トレルチの著作のなかの「番外編」とでも称すべきものであり、それゆえ従来研究者の間でも、きわめて特殊な位置づけを与えられてきたものである。

実際、トレルチの妻マルタ・トレルチは、「遠い昔の、著者によって出版のために準備されたのではない」本書を刊行することには、当初少なからぬ「ためらい」があったことを「序文」で記しつつ、それにもかかわらず、トレルチの友人や学生たちの熱心な慫慂に黙し難く、「ベルリンの文化哲学者のせいで、ハイデルベルクの神学者が完全に忘れ去られることがないようにとの願い」を込めてその書の刊行に踏み切った、と述べている。しかしその願いに反して、この書が当時の神学界に与えた影響としてはほとんど見るべきものがなく、実際的にも、その売れ行きは芳しくなかったことが、『信仰論』の続編として、ル・フォールが所有していた倫理学や宗教哲学に関する他の講義ノートを刊行することを、出版社に思いとどまらせることになったという。[5]

出版後しばらく経ってから出た本書の書評としては、エーリヒ・ゼーベルク、パウル・アルトハウス、パウル・イェーガーなどのものがあるが、いずれも本書がトレルチの宗教的敬虔さを雄弁に語る資料としては評価しつつも、その神学的価値に関しては相対的に低い評価を下している。例えば、ゼーベルクは、「しかしこの信仰論の本来的な価値は、それ自体に存しているのではなく、それがトレルチの宗教性についてのドキュメントであるという点に、存しているのである。われわれはここで彼の敬虔をはじめて知るのである」[6]と述べているし、アルトハウスも同様に、「本書の価値は、序文そのものが示唆しているように、学問的なものというよりは、むしろ人間的なものである。即事的にはここでの叙述は、われわれがトレルチ自身によって編集された諸著作からすでに知っていたのではないような思想を、ほとんど提供しない」[7]と断言している。つまり、ひとはトレルチのこの書を、神学的に重要なメッセージを含んだものとしてではなく、むしろ「徹底的に誠実かつ率直な男の告白」[8]、ないしそこに彼の宗教性ないし敬虔が生き生きと脈打っている「人間的なドキュメント」（ein menschliches Dokument）として受けとめたのである。

このように、トレルチの『信仰論』はいまひとつ注目を浴びなかったのであるが、そこには上記のような特殊な成立の事情だけでなく、より根本的には、ヨーロッパ神学界の風向きの急転ということが挙げられるであろう。すなわち、一九二〇年代における弁証法的神学の擡頭である。そこでトレルチにおいて頂点に達する十九世紀の自由主義的神学に反旗を翻した弁証法的神学の泰斗カール・バルトが、トレルチの『信仰論』をどのように評価していたかを参考までに見てみると、『教会教義学』第四巻第一分冊四二三―四二七頁にかけて、かなり詳しい批評がなされている。そこでバルトは、「トレルチは、才能豊かな人であったし、それなりの仕方で敬虔な人でもあった」ことを率直に認めつつ、「しかし、彼の『信仰論』が、際限もなく続く拘束力をもたない無駄話に終わりかねないということは、明白である。彼においては、新プロテスタンティズムの神学一般が……暗礁に乗り上げ、或いは泥沼に陥るものだということは、明白である。そのような運命を共にすることが出来ないために、われわれは、今世紀の十年代の終りに、この船から脱出したのであった[9]」、と痛切な批判を述べている。そしてこのような批判に続けてバルトは、ル・フォールが『信仰論』を編集した直後の一九二六年に、ローマにおいてプロテスタントからカトリックに改宗したことを、トレルチ神学の内部崩壊を暗示する意義深い出来事として引証している。だがそのような解釈は、少なくともル・フォール自身に即して言えば、もちろん正当ではあり得ない[10]。

ともあれ、バルトによって「沈没船」に譬えられたトレルチは、その死後四十年近くにわたって、神学者としてはほぼ全面的に忘れ去られる。もちろん、その間にも、トレルチ研究は細々と営まれ、単発的にではあるが、かなり本格的な研究書も出ている。われわれはそのようなものとして、E・シュピース (*Die Religionstheorie von Ernst Troeltsch*, 1927)、W・ケーラー (*Ernst Troeltsch*, 1941)、W・カッシュ (*Die Sozialphilosophie von Ernst Troeltsch*,

1963)、B・A・ライスト (*Toward a Theology of Involvement: The Thought of Ernst Troeltsch*, 1966)、J・クラプヴェイク (*Tussen Historisme en Relativisme*, 1970) などのトレルチ研究書を挙げることができると思うが、それらにおいては、『信仰論』におけるトレルチの見解が全く顧みられていないわけではない。例えば、ケーラーやカッシュは、それなりの頁数を割いて、『信仰論』におけるトレルチの神学的見解を論じている。しかし総じてこの頃までのトレルチ研究においては、『信仰論』の資料的価値には問題があるとして、傍証的に用いることはあっても、彼の神学思想を窺うための主要な資料としてこれを用いることに対しては慎重論が支配的であった、と言えるであろう。ライストの以下の言葉は、そのような慎重論を端的に示すものである。すなわち、「トレルチの神学的立場を決定的に指し示すものとして、この書に重く拠り掛かることは問題外である。彼の学生のひとりのノートに基づく本書は、トレルチ自身によって出版されたものではなかった」[11]。

このような風潮を一掃し、トレルチの『信仰論』を重要な「神学的なドキュメント」(a theological document) として真剣に受けとめるべきことを十分な説得力をもって説いたのが、ブライアン・A・ゲリッシュの「エルンスト・トレルチと歴史的神学の可能性」("Ernst Troeltsch and the Possibility of a Historical Theology," 1976) という論文である。この論文が転機となって、それ以来、特に英語圏においては、『信仰論』に対する関心はつとに高まり、やがてそれはゲリッシュの弟子ウォルター・E・ワイマンの本格的な研究書『信仰論の概念――エルンスト・トレルチとシュライアーマッハーの神学的遺産――』(Walter E. Wyman, Jr., *The Concept of Glaubenslehre: Ernst Troeltsch and the Theological Heritage of Schleiermacher*, 1983) へと結実し、さらに一九九一年には、やはり同じシカゴ大のゲリッシュの弟子のギャレット・E・ポールによる英訳書 *The Christian Faith* の刊行へと発展する。

2　トレルチの思想世界における『信仰論』の位置と意義

さて、それではトレルチの思想世界ないし思想活動全体の中で、この『信仰論』はどのような意義を有しているのであろうか。トレルチは、一般に、「宗教史学派の体系的神学者」として知られている。しかしその実、教義学的著作は驚くほど少ない。狭義の神学的領域に属する著作の大部分は、「神学の予備的問題」に関するもので、教義学的テーマについての彼の積極的見解は、彼のキリスト論を知る上できわめて重要な著作『信仰に対するイエスの歴史性の意義』*Die Bedeutung der Geschichtlichkeit Jesu für den Glauben*（1911）と、ここで問題としている『信仰論』を除けば、わずかに神学辞典『歴史と現代における宗教』*Die Religion in Geschichte und Gegenwart* 第一版のために執筆された総計二十六の辞典項目くらいなものである（ちなみにトレルチ自身が執筆した項目は、“Aemter Christi,” “Akkomodation Jesu,” “Berufung,” “Concursus divinus,” “Dogma,” “Dogmatik,” “Erlösung II. Dogmatisch,” “Eschatologie IV. Dogmatisch,” “Gericht Gottes 2. (dogmatisch),” “Gesetz I. Religionsphilosophisch,” “Gesetz II. Dogmatisch,” “Gesetz III. Ethisch,” “Glaube III. Dogmatisch,” “Glaube IV. Glaube und Geschichte,” “Glaube V. Glaubensartikel,” “Gnade Gottes III. Dogmatisch,” “Gnadenmittel,” “Heilstatsachen,” “Kirche III. Dogmatisch,” “Naturrecht, christliches,” “Offenbarung,” “Prädestination III. Dogmatisch,” “Prinzip, religiöses,” “Protestantismus II. P. im Verhältnis zur Kultur,” “Theodizee II. Systematisch,” “Weiterentwickelung der christlichen Religion” である）。それだけにこの『信仰論』の資料的価値をどう捉えるか、それをトレルチ神学の解釈の基本的資料とするかどうかは、ある意味で神学者としてのトレルチの評価を決定的に左右する、と言っても過言ではな

い。わたし自身としては、「『信仰論』が無視されるときには、一面的なトレルチ理解が生ずる[12]」と述べているワイマンの考えに、あるいは「トレルチの『信仰論』にもっと依拠しておれば、彼の神学に対して申し立てられたいろいろな異議のいくつかは、かぎりなく支持し難いものとなるであろう[13]」というゲリッシュの考えに、全面的に賛成するものである。

その根拠としては、ワイマンも述べているように、まず第一に、トレルチは一八九四年から一九一五年までの約二十年間のハイデルベルク大学時代に、都合二十二学期（通常毎週五時間）も信仰論について講義している。これは、宗教哲学に関する講義の七学期、信条学の九学期、実践的キリスト教倫理の七学期、普遍的倫理学の八学期に比べれば、圧倒的に多い回数である。トレルチは教義学を〈学問的神学〉から除外して、それを〈実践神学〉の中に位置づける。しかし、この実践神学の一部門としての教義学の講義に、ハルナックと並ぶ学問的神学の双璧と目されていたトレルチは、神学教師としての最大の労力と時間を費やしているのである。ここからも、「わたしは、その〔神学部の〕実践的な教育的課題を、つねに偉大な対象に対するこころからの畏敬の念と、わたしの学生たちに対する人間的な愛情をもって、推進してまいりました[14]」というトレルチの言葉に、嘘はないと思われる。いずれにせよワイマンが言うように、「信仰論に関する講義は、ハイデルベルクにおける神学教師としてのトレルチの活動の主要な部分をなしている[15]」のである。

バランスのとれたトレルチ解釈のために、神学的資料としてこの『信仰論』を真剣に受けとめなければならないと思う第二の根拠は、その他の著作においては、背景ないし究極の根底に潜んでいるものとして単に暗示されているだけの、神思想ないし形而上学的思想が、ここではいかにも学生を前にしての講義らしく、実に生き生きとした迫真性をもって語られていることである。トレルチは宗教哲学が取り組むべき課題を、（1）宗教心理学、（2）宗教認識論、（3）宗教の歴史哲学、（4）宗教形而上学の四つに大別し（これについては、『著作集』第二巻所収の論文「宗教ならびに宗教学の本質」を特に参照されたい）、宗教哲学は、最終的には、第四の範疇たる「哲学による神理念の論述」の問題に帰着することを説き[16]、そして自分の宗教哲学の背景には、カントの場合と同様、「エネルギッシュな有神論」（ein energischer Theismus）が立っている、と告白している[17]。また、晩年の大著『歴史主義とその諸問題』においても、歴史的事物に関する判断の基準を形成するためには、究極的には、「一つの形而上学的信仰[18]」ないし「神思想[19]」が必要であると言い、歴史的事象を「決して概念的に汲み尽くすことのできない神的な意志の創造的生命活動[20]」から捉えなければならないことを力説している。それゆえ、トレルチの思想体系は、本来、その宗教哲学並びに歴史哲学の背景にある神思想によって、統一性と明瞭性が与えられるべきものなのである。しかし、それをなす前に五十八歳で急逝したトレルチにあっては、この『信仰論』こそが、彼の神思想の輪郭を伝える唯一の、そして最も詳しい資料なのである。

3 「宗教史的教義学」の構想と『信仰論』の構成

それでは、トレルチの『信仰論』は、どのような基本的特徴を有し、また具体的にどのような構成になっているのであろうか。トレルチは *The American Journal of Theology* の求めに応じて、一九一三年に「〈宗教史学派〉の教義学」（"The Dogmatics of the 'Religionsgeschichtliche Schule'"）と題する重要な論文を書いているが[21]、『信仰論』は基本的にはそこにおいて輪郭を描かれた教義学の内容とほぼ完全に符合するものである。

その論文におけるトレルチの論述によれば、宗教史的研究の成果を真剣に受けとめつつ営まれる教義学は、大きく三つの課題をもつ。第一の課題は、「われわれの文化圏と生活圏にとって、キリスト教が原理的かつ普遍的に最高の妥当性を有するものであることを、まず宗教の比較からして、歴史哲学的に証明することである」[22]。言うまでもなく、これは「キリスト教の絶対性」に関わる問題であり、トレルチは『キリスト教の絶対性と宗教史』*Die Absolutheit des Christentums und die Religionsgeschichte*（1902；2. Aufl., 1912）において、すでに深遠な神学的議論を展開しているが、本来オックスフォードでの講演のために脱稿された「世界宗教におけるキリスト教の位置」を見ると、彼自身の立場と議論に微妙ながらも意味深長な揺れ動きが見られることは、周知のところである。第二の課題は、「キリスト教とは何であるか？」という問いに、答えることである。これはキリスト教の本質規定の問題であり、これに関しては「『キリスト教の本質』とは何か」（"Was heißt 'Wesen des Christentums'", 1903）と題された論文に、トレルチ独自の考えが明確に述べられている。ちなみに、トレルチが自らの教義学の基礎に据えようとしていたキリスト教の「本質」とは、「キリスト教的・宗教的な信仰は、世界において神から疎遠になった被造物が、キリストにおける神を認識することを通して達成する、再生ないし高生の信仰（der Glaube an die Wieder-und Höhergeburt）であり、またそれによって、被造物が神と一体となり、また相互に一体となって神の国を築くに至ることへの信仰である」[23]、というものである。第三の課題は、これこそが「狭義の本来的な教義学の課題」であるが、このように規定されたキリスト教の本質を、そこに含まれている神、世界、人間、救済（ないし高揚）、共同体（ないし神の国）、希望（ないし永生）、という「普遍的・宗教的な根本概念」に分節化し、それらを「その特殊なキリスト教的な意味において、自由かつ生き生きと説明すること」[24]である。その際、信仰本来の立場からしても、また歴史的・批判的な思考法からしても、「キリスト教的な神信仰を、あるいは〈本質〉の中に含まれている諸概念を、歴史的な要素をいっさい混入させることなく、全き完結性において叙述すべきである」[25]。このように、キリスト教的な神信仰を、「現在的に体験され、各個人において更新されるべき救済」として叙述することによって、教義学は純粋に「現在的・宗教的な命題」（gegenwarts-religiöse Sätze）を、ないしは「形而上学的・宗教的な命題」（metaphysisch-religiöse Sätze）を含むものとなる。しかし、これはあくまでも事柄の一面にすぎない。というのも、「この現在的な体験は、その力、旺盛な活力、具象性を、しかしまたとりわけ共同体形成のその能力を、われわれを神へと導く歴史的な生命世界にもっており、そしてこの歴史的な生命世界の内部では、全く特殊な仕方で、預言者たちとイエスとにもっている」[26]からである。かくして、歴史的事象並びに人物の宗教的意義に関する問い、すなわち、「歴史的・宗教的な命題」（historisch-religiöse Sätze）も、「現在的・宗教的な命題」ないし「形而上学的・宗教的な命題」と並んで、教義学の中に固有の位置を占めることになる。

以上、「〈宗教史学派〉の教義学」という論文の中に示された、トレルチの「信仰論」についての考えの要点を一瞥してみたが、この論文が執筆された時期にまさに同時的に進行していたハイデルベルク大学での講義を再現した『信仰論』は、全体の構成において、この雑誌論文の記述に完全に合致するものである。すなわち、『信仰論』は大きく三つの部分に分かれ、「序論並びに予備的問題」と題された、いわばプロレゴーメナの部分（第一―五節）では、信仰論の概念と課題、資料と権威、啓示と信仰、信仰と知識、キリスト教原理、といった基礎神学的ないし宗教哲学的な諸問題が論じられる。次に、「歴史的・宗教的命題」を扱う「第一部」では、「信仰の対象としてのイエス・キリスト」という大見出しのもとに、「信仰と歴史」（第六節）、「イスラエル預言者思想の宗教的意義」（第七節）、「イエスの信仰的意義」（第八節）、「啓示の継続作用としてのキリスト教史の宗教的意義」（第九節）、「キリスト教における歴史的なものと宗教的なものとの結合の定式としての三位一体論」（第十節）、の問題が論じられる。しかる後、「現在的・宗教的な命題」を扱う「第二部」において、「キリスト教の神概念」（第十一―十四節）、「キリスト教の世界概念」（第十五―十八節）、「キリスト教の魂概念」（第十九―二十三節）、「キリスト教の救済概念」（第二十四―二十八節）、「宗教共同体に関するキリスト教的教説」（第二十九―三十三節）、「完成」（第三十四―三十六節）、が論じられる。

ドイツ語原典のテクストにおいては、毎回の講義の初めにトレルチが学生に課した「口述筆記」（Diktat）部分と、そのあとでトレルチがそれに対して注釈を施しつつより自由に語った「講義」（Vortrag）部分とが、字体を変えて明確に区別されている。「口述筆記」部分の正確さについては、まったく異論の余地がないといわれるが、「講義」部分の方は、ル・フォール自身が「まえがき」で断っているように、速記によって書き取られたものではないので、一字一句トレルチの語った言葉通りというわけではないが、それにもかかわらず、「かなり文字どおりの再現」であるという。[27]実際、『信仰論』を繰り返し通読してみて、二つの部分で大きく食い違うような論述は見いだされない。ただ文体的には、「口述筆記」部分が、カルロ・アントーニによって「固い乾パン」に譬えられ、またマイネッケによって「彼くらい抽象的に語りかつ書く哲学者は、ひとりとしていない。何々イズムとか、何々性とか、何々化というような抽象概念が、彼のなかにぎっしりひしめき合っている」[28]と評されたところの、トレルチ特有の抽象概念を多用した重厚な文体で語られているのに対して、「講義」部分は、ひとつひとつの文章が比較的短く、より具象的で、生き生きとした躍動感をもっている。[29]実際、トレルチの講義が聴衆を圧倒する力強さと電撃的な魅力をもったものであったことは、彼のかつての学生たちが一様に証言するところである。[30]なお、実際のトレルチの講義は、第二部第四章の「キリスト教の救済概念」をもって終わっており、したがって最後の二章は、形式を整えるために、便宜的に、より古い時代の別の授業のノートに基づいて編集されたものである。したがって、「口述筆記のための草稿」（Diktat-Entwurf）として掲載された第二十九―三十六節の記述にのみ基づいて、トレルチの教会論や終末論を論ずることは、厳に戒められるべきであろう。

4 『信仰論』の特質と問題性

さて、それではトレルチの『信仰論』の実質的内容は、一体どのようになっているのであろうか。紙幅の制約上、ここではその全般に関わる教義学的な基本的特質を明らかにし、その上で、全体の約三分の一の分量を占める神概念について考察してみたいと思う。

トレルチの教義学は、それが「教義学」(Dogmatik) ではなく「信仰論」(Glaubenslehre) と呼ばれていることから端的に判るように、シュライアーマッハーの伝統に意識的に連なるものである。トレルチは、「現代の神学者たちのうちの誰ひとりとして、シュライアーマッハーの方法と意向にかくも厳密に従い、彼との内的一致をかくも感じている者はいない」[31]と述べて、自分の神学的立場とシュライアーマッハーのそれとの結びつきの深さを強調しているが、実際、シュライアーマッハーの神学構想との関わりは、トレルチの思想活動全体を評価する上で、決定的に重要な視点を提供するものである。[32]それはともあれ、トレルチが自らの『信仰論』において採用しているのは、彼自身の言葉で言えば、「キリスト教的な心情状態と、その中に含まれている宗教思想ないし信仰思想とを記述するという記述的な神学的方法[33]」であり、これがキリスト教の信仰命題を「キリスト教の敬虔な心情状態の理解を言語で表現したもの」として捉えた、シュライアーマッハーの衣鉢を継ぐものであることは論を俟たない。[34]彼はこのような「敬虔な心情状態の記述」としての神学を、「意識の神学」(Theologie des Bewußtseins; Bewußtseinstheologie) と呼んで、客観的な「事実の神学」(Theologie der Tatsachen) から区別しているが、この「意識の神学」は、神と世界は人間の内面生活という「ヴェール」(Schleier) を通してしか把握できないことを主張する。[35] そのかぎりでは、トレルチの『信仰論』は、きわめて主観的・個人主義的な色彩が濃厚なものであるが、しかしだからといって、例えばビルクナーのように、単純にこれを「私的教義学」(Privatdogmatik)[36] と見なすのは、やはり間違いであろう。なぜなら、ひとつには、トレルチのいう〈主観性〉ないし〈主体性〉とは、客観性や普遍性を欠いた単なる個人的な主観性ではなく、神的精神によって捉えられた高次の精神性を意味しているからである。つまりそれは「気まぐれ的な嗜好により懸かること」ではなく、「神的充溢」を意味しているからである。もうひとつには、トレルチの『信仰論』は、「現在のキリスト教共同体の意識」から汲み出されるべき「プロテスタント・キリスト教原理を教義学的に展開したもの」だからである。[37]

ここで強調されるべきことは、キリスト教原理が〈個人〉の意識に立脚したものではなく、キリスト教〈共同体〉の意識に立脚したものであるということと、このような原理を定式化するためには、高度に学問的な熟練と卓越した宗教的・倫理的な人格性が要求されるということである。すなわち、キリスト教原理という概念は、現代の歴史学的・心理学的思惟が用いる普遍的な方法から生じたものであり、無限の多様性をもつ複合的現象を、ひとつの中心的な定式へともたらしたものであるが、このような原理の定式化は、「全範囲の現象を自己の射程におさめた歴史的直観のなすべき事柄であり、同時に、将来におけるこの原理の支配的な方向性を念頭に据えた、形成続行的な活動の事柄でもある」[38]。「本質規定は本質形成である」(Wesensbestimmung ist Wesensgestaltung)[39] というトレルチの有名な言葉は、かかる事態を表したものである。それゆえ、そのかぎりでは、キリスト教の本質規定ないしキリスト教原理の定式化ということは、純粋に客観的な歴史学的課題を踏み越えるものであり、その意味では、「非常に主観的な確信の事柄」である。しかし、あらゆる精神的発展というものは、このようにしてなされるものであり、また、この原理が「客観的な支え」をもったものであることは、それが「歴史への専心と宗教体験への注意深き関心」に深く根ざしていることによって保証されている、とトレルチは言う[40]。

このように、トレルチは信仰論の基礎に「キリスト教原理」(das christliche Prinzip) の概念を据えるのであるが、彼によれば、キリスト教原理は、原始キリスト教、カトリシズム、古プロテスタンティズム、新プロテスタンティズム、という四つの段階を踏んで発展してきている[41]。そして彼の『信仰論』は、その発展の最終形態である新プロテスタンティズム、すなわち「古いプロテスタンティズムを越えて成長し、それから鋭く分離されるに至った、ひとつのプロテスタンティズム」、のキリスト教原理を前提としている[42]。このことが何を意味するかといえば、ゲリッシュが言うように、「近代性 (modernity) がその主要係数のひとつとして教義学のなかに入ってくる[43]」、ということである。

「われわれは、信仰論において定式化されるべき共同体の所有物を、どこから汲み出すのか」、という教義学的認識の源泉に関する問いに対して、トレルチは「聖書、伝統、そして個人的体験」からであると答える[44]。彼によれば、聖書、そのなかでも特にイエスの福音は、「すべてのキリスト教信仰を活性化する最も重要な手段であり、またその決定的な尺度である」が、しかし「信仰の唯一の規範と源泉ではあり得ない[45]」。それと並んで、キリスト教の形成続行も考慮に入れられなければならない。すなわち、教会史のなかで形成された「諸信条書」が承認されなければならないし、また「アウグスティヌス、偉大な聖人、神秘主義者たち、そしてなによりも宗教改革者たちが、真のキリスト教的根本エネルギーの革新者・形成続行者として、まったく特別な仕方で、強調されなければならない[46]」。トレルチは、以上のような教会史上の重要な人物の思想や諸信条書を、「伝統」(Tradition) という概念によって総括するのであるが、ここで特に注意を要するのは、この中に「近代の理念的・精神的世界」(die moderne Ideen-und

Geisteswelt）ないし「近代的な生」（das moderne Leben）も、同時に、含まれていることである[47]。

ところで、「イエスと聖書、キリスト教史と宗教改革、近代的な生と思惟がわれわれに提供するものは、個人的かつ主体的な体得〔＝自己のものとすること〕においてのみ現実の宗教的生命力になる」。かくして、最後に、「現在の宗教体験」（das religiöse Gegenwartserlebnis）も教義学的認識の源泉のひとつに加えられなければならない[48]。しかも、この「個人的な体得」は、ある意味で、「真のそして究極的な源泉」である、とトレルチは言う。そして、現在におけるこの個人的な宗教体験こそは、宗教改革者たちが「聖霊ノ証言」（testimonium Spiritus sancti）と呼んだものであると見なされる[49]。曰く、「たしかにわれわれは伝承によって生きるのであるが、しかしこの伝承というものは、それによって生きる人々の生産活動によって、生き生きとした状態に保たれなければ、死せるものとなってしまうであろう。聖霊の教理は、そのことを述べている。聖書は聖霊によって開かれた眼によってはじめて理解され得る。このことは、宗教改革者たちが〈聖霊ノ証言〉ということで意味したところである。聖書が霊として現成すること（ein Geistwerden der Bibel）が問題なのである。われわれが聖書のうちに持っているものは、主観性の世界においてまず復活しなければならない。この主観性の世界こそは、われわれを確信させるものの中核であり、またそれに基づいてわれわれが叙述するところの素材である。すべてのものは、われわれのうちで獲得されたところの形態を取る。つまり、個人的なものが要石であり続けるのである[50]」。

以上のような主張は、当然、啓示概念の驚くべき拡張を引き起こさずにはおかないであろう。案の定、トレルチは「前進的な啓示」（die progressive Offenbarung）なる概念を提唱し、「聖書は、あるいはむしろそれによって証言されている歴史は、根本的かつ中心的な啓示（die grundlegende und zentrale Offenbarung）であり、教会史的伝統と近代の宗教的感情世界は進展的な啓示（die fortschreitende Offenbarung）であり、そして現在の宗教的体験は現在的な啓示（die gegenwärtige Offenbarung）である」[51]、と主張する。もちろんここで主張されている「前進的な啓示」は、近代リベラリズムを特徴づけている単純な「進歩の観念」を背景にしたものではなく、むしろプロセス神学を援用して現代的に言い直せば、「過程的な啓示」（processive revelation）とでも言われるべきものであるが[52]、いずれにせよそのような啓示理解は、正統主義的な立場からは承認し難いものであろうし、また実際、この点にトレルチの神学をどう評価するかの大きな鍵が潜んでいると言えるであろう。しかしこの問題は、単にトレルチ云々の問題に限らず、聖霊論や「第三項の神学」、さらには一般にスピリチュアリスムスや神秘主義をどう理解するかという、現代の神学や宗教学における焦眉の問題にまで波及するであろう。

5　トレルチの「神思想」

次にトレルチの神概念について考察してみようと思う。すでに言及したように、神概念に関する議論は、分量的に言っても、またその重要性からしても、『信仰論』の中核を形づくるものである。トレルチによれば、キリスト教信仰は「神のうちに基礎づけられており、そして神を目標とするものである」ので、神概念はキリスト教信仰の「最も重要かつ決定的な範例」であり、キリスト教信仰の全体を包含している[53]。その場合、「キリスト教的な心情状態の記述」という方法を採用するトレルチにあっては、正統主義の教義学のように、客観的に確定されたものとしての神概念について論じることは不可能である。神概念といえども、キリスト教的信仰意識の内容を述べた言説にすぎないものであり、それゆえ「教義学的な神概念は、神自体ではなく、神についてのわれわれの観念を分析するのである」[54]と言われる。われわれの神観念は、神の働きによってわれわれのうちに生起するものであるが、しかしながら、それは神的生命の深みを完全に究め尽くす可能性を有していない。神を「光」(Licht)に譬えるならば、われわれはわれわれの魂に降り注いでくる、わずかばかりの閃光(Lichtfunken)からその光源たる神を捉えることができるだけである。そして、神を捉えようとするそのような企ての中には、「多くの個人的要素、重い責任、誤謬の可能性」が含まれているが、それにもかかわらず、そしてまただからこそ、「われわれはわれわれの心のうちに生きているものを、敢えて解釈しなければならない」のである。[55] かかる主張のうちに、トレルチの思想の真骨頂がよく示されている。「敢行、誤った把握、殉教といったものなしには、真理や価値の把握は存在しない。ここにもまた一つの『信仰による義認』がある。そしてまさにこれこそ光栄あるプロテスタント的基本教理が持っている最も普遍的な意味である」とは、『歴史主義とその諸問題』におけるトレルチの言葉であるが、このようなプロテスタント的信仰義認論の歴史思想への応用展開は、すでにティリッヒが慧眼をもって洞察しているように、[56] トレルチの『信仰論』に裏打ちされたものであることが判る。

それでは、そのような方法と前提のもとにトレルチが提示する神概念とは、一体いかなるものであろうか。いうまでもなく、現在的・宗教的な命題を論述する第二部の中心的教理として展開される神概念は、この部分に先行する第一部の歴史的・宗教的な命題を踏まえて打ち出されている。すなわち、トレルチの神概念は、現在のキリスト教共同体の意識を形づくる、預言者思想、イエスの福音、キリスト教史、という歴史的・宗教的背景を基礎に、さらに近代の宗教的感情と、生の意味と内容をめぐってなされる現在における個人的な信仰的闘争を考慮しつつ論述される。トレルチによれば、イエスの神観念は預言者的な神観念の完成であり、それはなかんずく「全能の創造的意志」(allmächtiger, schöpferischer Wille)[57] として特徴づけられる。しかしこのように意志の概念が支配的であるとすれば、それとともに「実現されるべき目的」の概念も同時に支配的である。それゆえ、現実の総体は、創造的な意志のうちに設定された目的の基体として理解されなければならない。かくして、「神はつねに創造的で生き生きと活動する方である。神の本来的な告知は、存在のうちにではなく、生成（Werden）のうちにあり、自然のうちにではなく、歴史（Geschichte）のうちにある」[58]。

しかし、単に「絶対的意志」（der absolute Wille）として捉えられた神は、「恣意」（Willkür）となる可能性がある。ユダヤ教やイスラム教の神観がこのような傾向を示すのに対して、イエスの神観では、神の「意志」のなかに同時に、「持続的な永遠的、統一的なもの」があり、この点において、イエスは預言者思想を超出しているという。トレルチはかかる永続的・統一的要素を、「永遠的本質」（das ewige Wesen）[59]と名づける。すなわち、神の意志は自らのうちにひとつの中心を担っており、それは永遠に善を志向する意志である。神の意志は心の内奥の人倫的法則として個々人の魂に内在し、人間の人倫的意志の自由かつ内的な献身を通して、被造物との合一を達成せんとするものである。イエスの神の国の説教は、このような「本質思想の最も明瞭な要約」[60]であるといえる。

キリスト教的な神観念を、同じ地盤から生じたユダヤ教とイスラム教のそれからだけでなく、他のあらゆる神観念からも分かつのは、神のうちにおけるこのような「意志概念と本質概念の厳格な結合」[61]である。このように、キリスト教の神はまず「意志と本質としての神」（Gott als Wille und Wesen）として特徴づけられるが、これによって神概念の「人格性」（Personalität）――トレルチは「人格性」の概念がともすれば神人同形論的な印象を与えることをよく承知しており、したがってこれに代えて、むしろ「有ペルソナ性」（Personhaftigkeit）という意味深長な概念を造語する――が与えられる。ところで、神を人間学的「類比」において「人格」として思惟することは、神概念の有限化につながりはしないか。かかる批判に対して、トレルチは、いかなる神概念も有限な人間から取り出された「類比」を回避することはできないと考える。そして、むしろ問題は、「人間的精神のいかなる点からこのような類比が取り出されるべきか」ということであると言う。かくして、「精神の価値の段階づけ」が必要になるが、トレルチによれば、「人倫的自由」(die sittliche Freiheit) こそは最高の価値である。それゆえ、神の「人格性」は、この「人倫的自由」からの「類比」によって理解されなければならないが、このように「人倫的自由」を類比的に神に適用することは、神自身を有限な行為的意志として「有限化」するものではけっしてなく、「神的意志による無制約的価値の措定」を意味しているのである。[62]

さて、以上のような「意志と本質としての神」の論述に引き続き、次にトレルチは、「神の聖性」と「愛としての神」について、それぞれ独立した節を設けて詳しく論じている。詳細は第十三―十四節におけるトレルチの議論をお読みいただくとして、ここではその骨子だけを述べておこう。すなわち、いま略述したように、絶対的な創造的意志としての神は、永遠に善を志向し、不断の自己措定において自ら善を表現する意志である。善は本質の目標であり、意志を前提とする。かくして、「意志」と「本質」は、「善へと方向づけられた意志」の概念において、ないしは「絶対的な聖性」(absolute Heiligkeit) の概念において、その統一を見いだす。神の聖性と完全性は、聖書的宗教の根本思想であり、イエスの説教の中心でもある。[63] しかし、神の本質は聖性の概念に尽きるものではない。なぜならば、聖性の概念のなかには、絶対的な人倫法則に対する神の関係ということ以上の内容が含まれているからである。すなわち、人倫法則自体は単なる規範ではなく、それを遵守することによって、精神の至福という最高の価値が実現されるのである。それゆえ、神は単に規範の源泉や原型にすぎないものではなく、かかる規範のなかに自ら自身を告知し、善への力を引き起こす愛である。神は単に善を命ずるだけでなく、自らの霊の現臨によって、われわれのうちに善を創造される。しかし、このような善の創造は、魂を震撼とさせる深い衝撃を通してはじめて起こる。かくして、神の聖性は卑下と高揚という二重作用をわれわれにもたらすが、両者は「聖なる愛」(die heilige

Liebe）という思想において結合される。それゆえ、聖性の概念は「聖なる愛」の概念において完成を見るのである。(64)

以上われわれは、トレルチの神思想の要点をおおまかに考察してみたのであるが、このような概観からも、トレルチが彼の歴史哲学の大前提としてその基礎に据えた「絶対的なものの、ある生命的プロセス」、あるいは歴史哲学の中心的問題を解決するために打ち出される「歴史的な修正を施されたモナド論」、あるいはさらに、彼の宗教哲学の背景に前提されている「エネルギッシュな有神論」といったものが、『信仰論』において表白されている彼の神思想に深く根ざしていることが判明する。それゆえ、トレルチの歴史哲学と宗教哲学についての深い理解は、『信仰論』における彼の神思想、さらには彼の神学思想全体、と切り離してはまったく不可能である、と言えるであろう。このことを実証するひとつの例として、最後にわれわれは、トレルチにおける「緊張」（Spannung）(65)と「闘い」（Kampf）(66)という重要な概念に光を当ててみたい。

6　「創造的緊張」と「エネルギッシュな有神論」

絶筆となった『歴史主義とその克服』において、トレルチは自らの倫理学と歴史哲学の大まかな輪郭を描き出しているが、そこにおいて「創造的妥協」（schöpferischer Kompromiß）の思想が圧倒的な重要性を有していることは、トレルチ研究者が一様に認めるところである。(67) Kompromiß の概念はトレルチの全著作に頻出するのであるが、その概念を注意深く分析してみると、トレルチの倫理思想にきわめて特徴的な、「緊張」→Kompromiß→「緊張」という一種の弁証法的関係が判明する。すなわち、Kompromiß とは、いわば自己と緊張的関係にある他なるものを自己の内部に受け容れることによって、その対立・緊張を緩和することなのであるが、却ってそのことによって「外的緊張」の緩和とは逆比例的に、自己の内部に新たな「内的緊張」を生み出す。つまりKompromißとは、自己に反目対立する他なる要因を自己自身の内部に取り込むことであるが、それによって「緊張」は却って尖鋭化され、「緊張のポテンツ」は高くなるのである。かくして、トレルチのいうKompromißとは、「緊張」の無くなった状態の謂いではなく、むしろ「内的緊張」の高まった状態、ないし「闘い」の継続している状態のことである。否、むしろ「闘い」が継続しているからこそKompromißなのである。[68] いずれにせよ、『キリスト教会および諸集団の社会教説』*Die Soziallehren der christlichen Kirchen und Gruppen*（1911）の末尾でいわれる「絶えず前方へと駆り立てる緊張」（die unaufhörlich vorwärtstreibende Spannung）[69] とは、かかる事態を「緊張」の側面から捉えた表現である。

かくして、トレルチのいうKompromißの概念は、「創造的な緊張」関係を内に孕むものであり、したがって日本語の「妥協」という言葉からわれわれが受ける印象とは全く異なって、「闘争」的な性格をもった力動的《ダイナミック》な概念である。そこで問題は、かかる「創造的緊張」と「闘い」が、一体何に由来するかということである。トレルチ自身、「創造的妥協」の思想が深い形而上学的背景をもつものであることを示唆しているが、[70]『信仰論』を注意深く読んでみると、「創造的緊張」と「闘い」が、神概念そのものに淵源していることが判る。

われわれは、さきに、意志概念と本質概念との内的結合が、キリスト教的神概念の根本特質を形づくることを見たのであるが、「キリスト教的神概念における内的緊張」[71] も、同時にここにその根拠を持つのである。トレルチによれば、「〔意志と本質という〕緊張を構成する二つの契機によって、この緊張そのものを最高に高めたのは、まさにキリスト教的神概念の際立った特質である」[72]。世界のうちにあるあらゆる緊張は、最終的には、「神的生命の内部における緊張[73]」にまで遡るものである。曰く、「神は最高の現実性である。そのようなものとして、神はまたあらゆる緊張を自らのうちに担っている。これらの緊張はまさにそこにあるのである！[74]」。

そこから、次に、このような緊張の克服が、そして緊張的な神概念に淵源する「神と世界、自然と精神、意志と本質との間の二元論[75]」の克服が、大きな課題となる。トレルチによれば、「緊張を克服する試みは、法則と価値という合理的世界全体を、神自身の意志によってもたらされたものと見なすことにのみ存し得る。……絶対的な創造者の力が秩序だった合理的世界を措定する……。相対的に創造的な精神の形成は、これらの精神が、必然的・妥当的なものへの自由な献身によって、単なる事実的な所与性を脱却し、神の創造者としての力に与るものへと引き上げられることによってなされる[76]」。このように定式化される事態のうちに、「自由としての神」ないし「霊としての神」の概念が表現されているばかりではない[77]。「人倫的自由」の強調によって、同時に、「闘いの態度」(Kampfstellung)[78]ということが生じてくる。歴史は、神と世界、自然と精神、存在と当為の「闘い」の場である。精神は、神の自己告知に媒介されて、自然と闘いながらようやく立ち上がってくる。このように、「闘う精神は、神から到来し、神へと赴くものである。神は自ら闘いを惹起し措定される。そしてそうすることによって、神は精神を引き上げられる[79]」。

以上の考察から、W・ケーラーも言う通り、トレルチが神的本質そのものの中に、「闘い」の要因を措定し、歴史的ダイナミズムの全体を神概念そのものの中へ移し入れていることが判る[80]。『歴史主義とその諸問題』の訳者の近藤勝彦は、トレルチの宗教的・哲学的立場を「緊張に富んだ動的二元論」と名づけているが[81]、われわれの考察からすれば、そのような「緊張に富んだ動的二元論」のさらに根底に、「神の自己多重化と自己豊富化」(die Selbstvervielfältigung und Selbstbereicherung Gottes)というより根源的な事態がある、と言わなければならない。

世界における緊張と闘争、自由と向上のための精神的闘い、創造性と歴史のダイナミズム、これらすべては自然と有限的精神において自己を多重化し、有限的生命の無限のプロセスを通じて、より豊富に自己を実現しようとする生ける神の不断の働きに、その究極の源を有しているのである。トレルチが「エネルギッシュな有神論」と名づけるものは、まさにそのような自己多重化的・歴史形成的な神思想を言い表したものに他ならない。

トレルチの宗教性として、研究者の間で、昨今「神秘主義」の問題性が取り沙汰されているが、[82]これについてもトレルチは、社会形成力を欠いた、もっぱら神との神秘的な合一を目指す神秘主義ではなく、「争いごとからは遠ざかっているが、しかも自己の精力を完全には使い果たすことなく、闘いと労働、そして共同体へとアクティヴに導いていく神秘主義[83]」こそが自分自身の宗教的立場である、と述べている。『社会教説』の末尾に出てくる、「彼岸は此岸の力である」(Das Jenseits ist die Kraft des Diesseits)[84]というトレルチの有名な言葉は、W・グロルが主張するように、トレルチとバルトの「対立における連続性」を示すものであるかどうかは別にして、[85]いずれにせよトレルチが自家薬篭中のものとしている、「能動的神秘主義」の一つの表現であると言えるであろう。そして、ここにもトレルチの「エネルギッシュな有神論」が深く翳を落としていることは、『信仰論』を注意深く読む読者には明らかであろう。

(1) Ernst Troeltsch. *Glaubenslehre.* Nach Heidelberger Vorlesungen aus den Jahren 1911 und 1912 herausgegeben von Gertrud von le Fort, mit einem Vorwort von Marta Troeltsch (München und Leipzig: Duncker & Humblot, 1925; Neudruck: Aalen: Scientia Verlag, 1981)、(以後 Gl と略語)

(2) なお、アメリカのトレルチ研究者のウォルター・E・ワイマンは、独自の研究調査に基づいて、副題の「一九一一—一九一二年のハイデルベルク講義に基づく」という表記は間違いであり、実際には一九一二年夏学期と一九一二一九一三年の冬学期の講義が基礎になっている、と主張している（Walter E. Wyman, Jr., *The Concept of Glaubenslehre : Ernst Troeltsch and the Theological Heritage of Schleiermacher,* 1983, p. 208, n. 37）。これを承けて、『信仰論』の英訳者ギャレット・E・ポールは、英訳書の中表紙において、副題を“Based on lectures delivered at the University of Heidelberg in 1912 and 1913”と訂正している。

しかし、トレルチに関する未公開資料を多く所有し、その伝記的研究によって現在のトレルチ研究隆興のまさに火つけ役となった、ドイツのホルスト・レンツ氏に個人的に問い合わせたところ、実状は以下の通りであるという。すなわち、ル・フォールは一九一〇―一九一一年の冬学期にトレルチの「信仰論Ⅱ」を登録したが、ハイデルベルク到着が遅れたため実際の履修は一九一一年になってからであったという。『信仰論』の第二五、二六、二八節の「口述筆記」部分は、この学期の彼女のノートに遡るそうである（詳しい事情は判らないが、第二七、二九節に関しては聴講の機会を逸しており、その部分は後日学友の筆記したものを書き写したと思われる）。その後、彼女は一九一二年の夏学期から次の冬学期にかけて二学期間、トレルチの「信仰論」を履修したのであるが、残されている資料によれば、一九一二―一九一三の冬学期の講義は第二四節で終わっているという。そして、本来この二四節に直接関連して述べられた講義部分が、現行のテクストでは第二八節の「口述筆記」部分のすぐあとに挿入され、三五一頁以下の「講義（要約）」となっているという。

そこで、もしこの一九一二―一九一三年の冬学期の講義が実質的に一九一二年で終わったか、あるいは一九一三年に入ってからも少しは講義があったとしても、その大半が一九一二年になされたものであると仮定すれば、『信仰論』を構成する大部分は一九一一年と一九一二年の講義に基づくわけで、副題の「一九一一―一九一二年のハイデルベルク講義に基づく」という記載に、アメリカのトレルチ研究者たちが異議を唱えるような、大きな事実誤認はないことになる。

（3）Gisbert Kranz. *Gertrud von le Fort : Leben und Werk in Daten, Bildern und Zeugnissen,*（München : Insel Verlag, 1976）, S. 197-200 参照。

（4）Ibid., S. 161 ; Gertrud von le Fort. *Hälfte des Lebens*（München : Ehrenwirth Verlag, 1965）, S. 87-92,122, 134, 149 参照。

(5) Wyman, Jr., *The Concept of Glaubenslehre*, p. 209 n. 54.
(6) Erich Seeberg, Besprechung über *Glaubenslehre*, von E. Troeltsch, in *Deutsche Literaturzeitung* 47 (Oktober 1926) : 2131.
(7) Paul Althaus, Besprechung über *Glaubenslehre*, von E. Troeltsch, in *Theologische Literaturzeitung* 52 (Dezember 1927) : 593.
(8) Paul Jaeger, "Theologia versus Theologiam," *Die Christliche Welt* 40 (November 1926) : 1043.
(9) Karl Barth, *Die kirchliche Dogmatik*. Bd. IV/1 (Zürich : Theologischer Verlag, 1954), S. 427.
(10) Gertrud von le Fort, *Aufzeichnungen und Erinnerungen* (München : Ehrenwirth Verlag, 1952), S. 79 参照。
(11) Benjamin A. Reist, *Toward a Theology of Involvement : The Thought of Ernst Troeltsch* (Philadelphia : The Westminster Press, 1966), p. 155.
(12) Wyman, p. xiv.
(13) Gerrish, "Ernst Troeltsch and the Possibility of a Historical Theology," in *Ernst Troeltsch and the Future of Theology*, edited by John Powell Clayton (Cambridge : Cambridge University Press, 1976), p. 113.
(14) G.S. Bd. 4, S. 12.
(15) Wyman, p. xiv.
(16) 特に、"Wesen der Religion und Religionswissenschaft," G.S. Bd. 4, S. 452-499参照。
(17) G.S. Bd. 4, S. 764.
(18) G.S. Bd. 3, S. 175.
(19) Ibid., S. 183.
(20) Ibid., S. 184.
(21) Ernst Troeltsch, "The Dogmatics of the 'Religionsgeschichtliche Schule'," *The American Journal of Theology*, Vol. XVII no.1 (January 1913) : 1-21. ドイツ語のテキストは、G.S. Bd. 2, S. 500-524。
(22) G.S. Bd. 2, S. 509.

(23) Ibid., S. 512.
(24) Ibid.
(25) Ibid., S. 513.
(26) Ibid.
(27) Gertrud von le Fort, Vorbemerkungen.
(28) カルロ・アントーニ、讃井鉄男訳『歴史主義から社会学へ』（未来社、一九七三年）、五八頁。
(29) Friedrich Meinecke, “Ernst Troeltsch und das Problem des Historismus,” in *Werke,* Bd. 4, *Zur Theorie und Philosophie der Geschichte* (Stuttgart : K. F. Koehler, 1965), S. 367.
(30) Georg Wünsch, “Ernst Troeltsch zum Gedächtnis,” S. 105 ; Gertrud von le Fort, *Der Kranz der Engel*, 10. Aufl. (München : Ehrenwirth Verlag, 1968), S. 81 ; Wilhelm Pauck, *Harnack and Troeltsch : Two Historical Theologians* (New York : Oxford University Press, 1968), pp. 46-49.
(31) Gl. S. 130.
(32) これについては、拙著 *Ernst Troeltsch : Systematic Theologian of Radical Historicality* (Atlanta : Scholars Press, 1986), pp. 75-81 を参照されたい。
(33) Gl. 127（§11.2）。
(34) Friedrich Schleiermacher, *Der christliche Glaube* (Berlin : Walter de Gruyter & Co., 1960), §15.
(35) Gl. 132 ; cf. G.S. Bd. 1, S. 934.
(36) Hans-Joachim Birkner, “Glaubenslehre und Modernitätserfahrung : Ernst Troeltsch als Dogmatiker,” in *Troeltsch-Studien,* Bd. 4, *Umstrittene Moderne*, herausgegeben von Horst Renz und Friedrich Wilhelm Graf (Gütersloh : Gütersloher Verlaghaus Gerd Mohn, 1987), S. 337.
(37) Gl. S. 19（§2.1）, 24, 39（§3.1）.
(38) Gl. S. 71（§5.2）.
(39) G.S. Bd. 2, S. 431.

（40）Gl. S. 71（§5.2）；cf. Gl. S. 24（§2.5）.
（41）Gl. S. 3（§1.3）.
（42）Gl. S. 14.
（43）Gerrish, pp. 115-116.
（44）Gl. S. 24.
（45）Gl. S. 21（§2.2 & 3）.
（46）Gl. S. 24.
（47）Gl. S. 30.
（48）Gl. S. 38.
（49）Gl. S. 24（§2.5）；S. 39.
（50）Gl. S. 39.
（51）Gl. S. 40（§3.3）.
（52）Benjamin A. Reist, *Processive Revelation* (Louisville : Westminster/ John Knox Press, 1992) 参照
（53）Gl. S. 127（§11.1）.
（54）Gl. S. 128（§11.2）.
（55）Gl. S. 130-131.
（56）Paul Tillich. *Gesammelte Werke*, Bd.12, *Begegnungen : Paul Tillich über sich selbst und andere* (Stuttgart : Evangeliches Verlagswerk, 1971), S. 172 参照。
（57）Gl. S. 139（§12.2）.
（58）Ibid.
（59）Gl. S. 140（§12.3）.
（60）Gl. S. 154.
（61）Gl. S. 128（§11.4）.

（62）Gl. S. 144（§ 12.5）.
（63）Gl. S. 183-184（§ 13.1）.
（64）Gl. S. 212-213.
（65）*Glaubenslehre* の中でこの用語が出てくる箇所は、一四二（四回）、一六七（二回）、一六八（三回）、一六九（二回）、一八五、一八六、一九九、二三四、三三四（二回）、三五四、三五九頁（二回）である。
（66）同様に、*Glaubenslehre* の中でこの用語は、三二、一三〇、一三五、一三八、一五五、一六〇、一九〇、一九四（二回）、二一二（二回）、二一七、二一八、二二八、二三五（四回）、二三六（三回）、二五八、二六四（二回）、二七一、二七四、二九五、三〇一、三一四（四回）、三二一（四回）、三二三（二回）、三二四、三三二、三三三、三三四、三三八、三四〇（二回）、三四一、三六〇、三八八頁（二回）に頻出し、"Kämpfer"（一一九頁）、"kämpfen"（一三〇、一三四、一四八、二〇五、二二二、二五八、二六五、二九四〔二回〕、三〇九、三一〇、三一三、三二一、三二二、三三七、三三九頁）、"aufkämpfen"（一四九、二三二、二三五、二三六、三五六頁）、"bekämpfen"（三〇四頁〔二回〕）、"Emporkämpfung"（三二一頁）などの関連語も含めると、かなりの数にのぼる。
（67）Ernst Troeltsch, *Der Historismus und seine Überwindung*（Berlin：Pan Verlag Rolf Heise, 1924）, S. 19, 21, 43, 47, 56, 97, 101-104.
（68）詳細は、『基督教学研究』第二号（一九七九年）、一〇四—一一八頁所収の拙論「エルンスト・トレルチにおける"Kompromiß"の概念」を参照されたい。
（69）G.S. Bd. 1, S. 986.
（70）*Der Historismus und seine Überwindung*, S. 43, 47, 59.
（71）Gl. S. 142（§ 12.4）.
（72）Ibid.
（73）Gl. S. 167；cf. S. 334.
（74）Gl. S. 167-168. このような神理解をライプニッツ＝ロッツェ的な形而上学的用語で表現すれば、「ミクロコスモスの中にある緊張は、マクロコスモスに由来しなければならない」（Gl. S. 169）ということになる。

（75）Gl. S. 184（§13.1）.

（76）Gl. S. 142-143（§12.4）.

（77）Gl. S. 143；163.

（78）Gl. S. 194.

（79）Gl. S. 321.

（80）Walther Köhler, *Ernst Troeltsch* (Tübingen : J. C. B. Mohr, 1941), S. 172.

（81）邦語『トレルチ著作集』第五巻の「解説あとがき」参照。

（82）この問題を最も包括的な仕方で最初に提起したのは、カトリックのトレルチ研究家アプフェルバッハーであったが（Karl-Ernst-Apfelbacher, *Frömmigkeit und Wissenschaft : Ernst Troeltsch und sein theologisches Programm* [München-Paderborn-Wien : Verlag Ferdinand Schöningh, 1978]）、筆者も拙著 *Ernst Troeltsch* pp. 58-66において、この問題を別の角度から論じている。『信仰論』の英訳者ギャレット・E・ポールは、筆者の問題提起を真剣に受けとめ、この問題に対して特別な注意を喚起している（Garrett E. Paul, Introduction to *The Christian Faith*, by Ernst Troeltsch, pp. xxxvii-xxxviii）。

（83）Ernst Troeltsch, *Briefe an Friedrich von Hügel 1901-1923*, mit einer Einleitung herausgegeben von Karl-Ernst Apfelbacher und Peter Neuner (Paderborn : Verlag Bonifacius-Druckerei, 1974), S. 94.

（84）G.S. Bd. 1, S. 979.

（85）W. Groll, *Ernst Troeltsch und Karl Barth : Kontinuität im Widerspruch* (München : Chr. Kaiser Verlag, 1976) 参照。

第四章　「ドイツ的自由」の理念の問題性
――トレルチ、マイネッケ、トーマス・マン――

1　「ドイツ的自由」の伝説

ヘーゲルの三〇歳前後の草稿のひとつに、『ドイツ憲法論』*Die Verfassung Deutschlands* というのがあり、彼はそこで「ドイツ的自由」(die deutsche Freiheit) という「伝説」(Sage) について述べている。

「おそらく僅かの国々しかもっていないほど遠い昔から『ドイツ的自由』という伝説がわれわれにまでつたわっている。これは、ドイツにおいて個人が国家のもとに服従せず、普遍者によって拘束せられることもなく独力で立ち、自分の栄誉と運命とを自分自身で引受け、思いのままに、また性格にしたがっておのれの力を世にむけて打ちくだき、ないし世界をおのれの享受しうるものにまで形成した時代、まだ国家がなく、個人が性格により、習俗と宗教とにより、全体に所属してはいるものの、しかし営み為すところにおいては全体によって制限されることなく、怖れず、おのれを疑わず、おのれの思いのままにおのれに掣肘を加えた時代からの伝説である。法律がなく性格が世界を支配していたこのような状態、法律がではなく習俗が人々を結合してひとつの民族をなしていた状態、利害の共同はあっても普遍的なる命令が民族のひとつの国家であることを示していなかった状態、おそらくかかる状態が『ドイツ的自由』と呼ばれたのであろう。ドイツの公法はドイツの私法である(1)」。

ここで言われている「伝説」というのは、ローマの歴史家タキトゥスが一世紀末に書いた『ゲルマニア』に基づいており、ヘーゲルはタキトゥスが報告している「ゲルマン的自由」(die germanische Freiheit)を、「ドイツ的自由」に置き換えて語っているわけである。ところで、タキトゥスのいう「ゲルマニア」とは、ゲルマン語を使用し、ゲルマンの風習に従って生活している諸民族が住んでいた地域の総称で、そこでは「自由」は以下のような二つの意味をもっていた、と言われている。すなわち、一つは「ローマの支配下にない」ということであり、もう一つは「神権をもった王を戴かない」ということである。両方に共通しているのは、権力の支配に服さないということであり、そこから彼らは裁判、戦争を含めすべてのことを民会において決定し、王、将領、長老をも一種の選挙によって選ぶのを常としていたという。もちろん民会に参加できるのは自由民だけであったが、少なくとも彼らの間では、個人の全体に対する優位が保証されていたという。モンテスキューも『法の精神』のなかで、タキトゥスの『ゲルマニア』を引証しながら、「ゲルマン諸民族は、人も知るごとく、きわめて自由であった」と述べている。

それはさておき、ヘーゲルにおいて「自由」の概念がいわば「全体系の要石」であることは、「精神」の本質が「自由」とされているところに端的に表われている。なぜなら、ヘーゲルにおいては「精神」が体系全体を支える最も重要な概念であるが、その本質が自由とされているということは、自由こそがヘーゲル哲学の中心課題であったと見ることができるからである。ヘーゲルによれば、「自由が精神の唯一の真理であるということこそ、思弁哲学〔の成果〕にほかならない」のであり、そして「精神は自分自身のもとにあるもの(das Bei-sich-selbst-sein)

である。そしてこれこそ、まさに自由である[2]」と言われる。したがって、「精神」が自らを実現する舞台としての「世界史」（Weltgeschichte）は、「自由の意識の進歩」（der Fortschritt im Bewußtsein der Freiheit）の過程《プロセス》であると見なされる[3]。そこから周知のような「自由の意識の進歩」における三区分が打ち出されてくるわけである。

「世界史は東から西に向って進む。というのは、ヨーロッパこそ実に世界史の終結であり、アジアはその端初だからである。……外なる自然の太陽はここから〔＝東方〕から昇り、西に没する。しかしその代わりに、自意識という内なる太陽は西に立ち現れてそれよりもずっと輝かしい光を放つ。世界史は自制のない自然的な意志を普遍的なものと主観的自由とに訓育するものである。東洋はただ一人の者（Einer）が自由であることを知っていたのみであり、またいまも依然としてそうである。これに反してギリシアとローマの世界は若干の者（Einige）が自由であることを、ゲルマンの世界はすべての者（Alle）が自由であることを知っている。したがって、われわれが世界史において見るところの第一の形態は専制政体（Despotismus）であり、第二の形態は民主政体（Demokratie）と貴族政体（Aristokratie）であり、第三の形態は君主政体（Morarchie）である[4]」。

ヘーゲルは、「ゲルマン諸国民に至ってはじめて、キリスト教のお陰で、人間が人間として自由であり、精神の自由が人間の最も固有の本性をなすものであるという意識に達した[5]」と述べているが、そのような「すべての者（Alle）が自由である」ようなゲルマン的自由（それが彼のいう「ドイツ的・プロテスタント的自由」ということである）に対応する政治形態を、彼が「民主政体《デモクラシー》」ではなく「君主政体《モナルヒー》」と同定していることは意味深長なことである。

しかし他方において、「ゲルマン的自由」に遡源するとされるこのような「ドイツ的自由」の主張は、絶えず物議を醸しだし、あるいは胡散臭い目で見られるのがつねであった。すでにパリ亡命中の若きマルクスが、現存のプロイセン国家にその原型を求めそれを神聖視する以外の何ものでもないとして、ヘーゲル的な「立憲君主制国家」の理念を痛烈に批判している。そしてヘーゲルとは正反対に、彼はドイツにおいては市民的・社会的自由が実現されたためしがないと痛罵している。

「まったく、ドイツの歴史が自賛しているのは、歴史の領域でどんな国民もまだやったこともなく、今後も真似ることはあるまいと思われるような動きである。すなわち、われわれは近代諸国民と革命を共にしないで、ただ〔王政〕復古だけを共にしたのであった。われわれのところで復古がおこなわれたのは、第一に、他の諸国民があえて革命をおこなったからであり、そして第二に、他の諸国民が反革命の厄にあったからであり、はじめはわが国の支配者たちが恐怖を感じたからであり、次にはわが国の支配者たちが恐怖を感じなかったからである。われわれは、われわれの牧者を先頭に立てて、ついにたった一度だけ自由の社会に加わったのであるが、それは自由の社会の埋葬の日にであった(6)」。

周知のように、マルクスはドイツのこうした隷属状態からの解放はただ革命によってのみ可能であると考えたのであるが、以下に引用する文章は、そうした若き革命家の熱き胸の内をもっともよく示している。

「ドイツのただ一つ実践的に可能な解放は、人間を人間の最高のあり方であると宣言するところの、この理論の立場からする解放である。ドイツでは、中世からの解放は、同時に中世の部分的克服からの解放としてのみ可能である。ドイツでは、あらゆる種類の隷属状態を打破することなしには、いかなる種類の隷属状態も打破することができない。根本的なドイツは、根本から革命を起こさなければ、革命を起こすことができない。ドイツ人の解放は、人間の解放である。この解放の頭脳は哲学であり、その心臓はプロレタリアートである。哲学はプロレタリアートの揚棄なしには自己を実現しえず、プロレタリアートは哲学なしには自己を揚棄しえない。あらゆる内的条件が充たされたとき、ドイツ復活の日はガリアの雄鶏の雄たけびによって告げ知らされるであろう(7)」。

だが、マルクスの期待に反して、王権を制限しようとした一八四八年の革命が失敗に終わり、また六〇年代のプロイセン議会の改革の試みも、リベラル派の一時的勝利の後に、絶対主義と反動側の決定的勝利をもって終わってしまう。その後ドイツは、一八七一年ビスマルクの外交と軍事力によって、ようやく悲願の国家統一を達成するにいたるが、しかしビスマルクによって建国されたこのドイツ帝国は、うわべは西欧的立憲制と似ていても、人民の主権と自治に関する理論も実践も認めない権威主義的国家であり、またそういうものとして存続したのであった。このことが意味しているのは、ドイツは自らを待ち受ける困難な政治的・経済的・社会的諸問題に、賢明かつ有効に対処する政治的「自由の伝統」のないままに、二十世紀を迎えたということである。歴史家ゴードン・A・クレイグは、このように「権力の恣意的行使に対する効果的な憲法上の抑制措置がドイツには欠如していたこと(8)」に、ドイツが第一次世界大戦を引き起こすことになった主たる原因があると見ているが、この指摘は「ドイツ的自由」の伝統を再検討する際に、是非とも押さえておかなければならない重要な点であろう。

2　トレルチとマイネッケによる「ドイツ的自由」の主唱

さて、第一次世界大戦の勃発は、「ドイツ的自由」の伝統の問題性を悲劇的な仕方で白日の下に晒すことになる。この戦争はドイツ帝国内における国粋主義者や右派の思想家たちだけでなく、トレルチやマイネッケという従来政治的には穏健な中道路線を志向し、アングロ・アメリカンの政治的・思想的伝統にも深い理解を示していた思想家たちをも、「ドイツ的自由」の理念の擁護へと駆り立てることになる。戦時中におけるトレルチの政治的立場ならびに、一般にデモクラシーに対する彼の考え方については、最近わが国の研究者によっても研究されつつあるが[9]、わたし自身としては、少なくとも戦時中のトレルチの言動に関しては、多少批判的な受け止め方をしている。これはわれわれの当面の関心からは多少逸脱するかもしれないが、「ドイツ的自由」の理念に関するトレルチの言説を評価する上でも、決して無関係ではないと思うので、ここでヴェーバー研究者による批判的評言を紹介して、以下に考察するトレルチやマイネッケの思想的な問題性を、あらかじめ炙り出しておきたいと思う。

東北大学法学部の柳父圀近教授は、我が国を代表するヴェーバー研究者としてつとに有名であり、トレルチやティリッヒなどについても、深い知識と関心をお持ちである。ところがその柳父氏は、『エートスとクラトス』という著書において、『原初神話』と社会有機体説――マックス・ウェーバー研究の視座から――」という興味深い問題を論じつつ、そのなかで「トレルチの悩み」に言及して、以下のような厳しいトレルチ批判を展開される。

「まず、戦前、一九〇八―一九一一年にウェーバーとの協力関係の下に書かれた一連の宗教社会学的研究では、すでに一言した如く、トレルチはルター派の『非合理的自然法』の『恭順』のエートスがドイツの民主化をさまたげてきたことに、――カルヴィニズムの『合理的自然法』の『変革的』なエートスとの対比で――かなりきびしい『批判的自己認識』の眼をむけていた。

しかし戦争がはじまると、トレルチの態度は一変してしまう。一九一六年の論文『一九一四年の理念』では、彼は、逆に、ピューリタン的な自由の理念を批判して、『超個人的な共同精神』への献身としての、『ドイツ的自由の理念』を大いに称揚しはじめる。また同じ一九一六年の論文『自由のドイツ的理念』で、ドイツの政治的エートスを正面から論じた際には、トレルチは、いっそうはっきりと、西欧なかんずくアングロ・サクソン社会の『社会契約論』（ないし、『ストア的・キリスト教的自然法』の伝統）を、近代ドイツ特有の『国家神秘主義』（Staatsmystik）と鋭く対比させるに至った。前者では利己的な個が全体を『形成』するだけだが、後者では個は全体とすぐれて『一体化』できる（ドイツ的デモクラシー）のだ、とまで彼は誇らかにのべている[10]」。

「ここで、トレルチにもどってドイツ的問題をえぐり出しておきます。先ほど、トレルチという人は、第一次大戦が始まると、かなりナショナリスティックになった、という話をしました。事実、戦時中のトレルチは、繰り返し、ドイツ的精神のメリットを説いています。しかもそれはすぐれて『ミスティックな全体』志向する宗教性があるから、というのです。『歴史と国家と民族として、すでに存在する』ミスティックな全体、ドイツ人にはこれが非常に大事なんである。カルヴァン派のように個人ということばかり強調するのはドイツ的精神ではないんだ、と言い出したのです。もちろん、トレルチの言うドイツ的宗教性の中核はルター主義です。

たとえば『ドイツ精神と西欧』という論文集です。そこで大変興味深いのは、トレルチがドイツ的エートスを、単にミスティックだ、といっているだけではなく、『ミスティッシュな全体』志向だ、とのべていることです。そしてさらにトレルチは、その『ミスティッシュな全体』を、にわかにドイツ的国家ないし民族と同定し、『国家神秘主義』を説いています。『国家神秘主義』こそドイツ的エートスである、とまで言い出したのです。まあ、ウェーバーはびっくりしたことだろうと思います。ミスティッシュな国家主義とは実体化された国家有機体説そのものです」[11]。

このような批判は、トレルチが置かれていた当時の複雑な政治状況を捨象した一面的なものであると言えなくもないが、いずれにしてもトレルチが戦時中におこなった「自由のドイツ的理念」の称揚は、今日からみれば大きな問題を孕んでいると言わざるをえない。それは「ドイツ的自由」の理念についての客観的・歴史的叙述の域を大きく踏み越えたもので、ニーバーの用語を借りて言えば、明らかに「イデオロギー的に汚染した」(ideologically tainted) ものである。なるほど「ドイツの自由」は、トレルチが主張するように、「西欧の、つまりはイギリスやフランスの自由とは別個のものである」[12]。このことは、戦時中に敵味方の双方がおこなった情宣活動を引き合いに出すまでもなく、誰の目にも一目瞭然の厳然たる歴史的事実である。しかしすぐ下に引用するように、「だがそれにもかかわらず、ドイツの自由こそはほんとうの、醇乎とした自由だ」、「そしてドイツにとっては、われわれが期待するところでは、戦争こそわれわれの思想への新たな浄化と向上なのである」[13]との主張に対しては、いくらトレルチに親近感を覚え、また当時の彼が置かれていた苦しい状況を考慮に入れたとしても、にわかに首肯することができないものがある。そこでトレルチが「ドイツ的自由」の理念についてどのように説いているかを、以下に簡単に見ておきたい。

「……自由はドイツの歴史やドイツの精神から規定された独自の意味をもっているのである。自由は、それが国家意志の形成にたいする形成的協力であるかぎり、われわれには、個人意志の総計から支配意志をつくりだすことではない。事務執行者を委任者によって監督することでもない。かえって歴史、国家、国民によってすでに存する全体への自由な、意識的な、義務的な献身にほかならない。全本質の表現および総体として自由であろうとし、つねに新たに自己の活動においてつくりだそうとするのである。かようにして君主や官吏は国家の第一の僕をもってみずから任じ、市民は国家の成員であると感ずる。彼らはすべて同一の主権的全体の器官で、こうした全体を義務的な献身において間断なくつくりだす。この自由は権利に存するよりも義務に存する。そうはいえないまでも、同時に義務であるような権利のうちに存する。個人は全体を組みたてるのでなく、全体と一致するのである。自由とは平等でなくて、自己にふさわしい器官地位において自分の場ではたす個人のつとめである[14]」。

「ドイツの『国家神秘主義』は宗教的国家思想の世俗化であり、ドイツの自由は宗教的義務感情の世俗化、わけても協同形成的活動へのこうした義務感情の向上にほかならない。こうして古い基底は変じて新しい思想や現実となる[15]」。

「だがドイツ教育制度の偉大な点は、やはりつねにあの二面性をかちえようとする努力なのである。その点にこそ、ドイツの自由のふたつの方向、いいかえれば上位の国家的および民族的全体への献身と、自由な個人的な科学的教養と精神的内面性への献身、というふたつの方向の接合剤がある[16]」。

「ドイツの自由概念の特質について、最後になおひとつの最後の重要な点を理解しておかなければならない。ドイツの国家制度における宗教的＝教会的諸力の特殊な位置、がそれである。イギリス的＝ピューリタン的民主主義の原則からすれば、自由教会制度は自然な、わかりきった結論であって、これはアメリカにおいて徹底的におこなわれた。……フランス民主主義の原則からすれば、国家と教会との分離、カトリシズムを狭い団体の限界へ押しもどすこと、カトリック的国家宗教を反教権主義や無神論によって換えることは、同様に自然な結論である。ドイツでは、双方の原理に種々色目を使うくせに、両者ともなんらの地盤もうることができないのは、たんに古来の歴史的関係がその原因であるばかりでない。これからさきに明らかとなるように、まさに自由思想自体のもっとも固有な内的本性が原因なのである。超個人的な存在への客観化をとなえる国家思想は、両宗派における教会的共同体や施設という思想と明白な親近性をもっている。国家にたいする義務や良心における自由な献身は、教会にたいする信仰の自己献身に酷似している。が、同じようにドイツの教養個人主義も、まったく個人的な信仰の宗教的内面性とたいへん類似しているのである。……ドイツの国家思想とドイツの教養個人主義とは、かなりに教会的＝宗教的思想の世俗化である[17]」。

「あらゆる方面から、再三ひとつの根本思想が結晶してくる。すなわち、ドイツの自由は、じっさいは西欧の、つまりイギリスやフランスの自由とは別個のものである。だがそれにもかかわらず、ドイツの自由こそほんとうの醇乎とした自由だ。……自由はどこにおいても、これを所有するためにはまず努力して獲得せねばならぬ財産であり遺産だからだ。ドイツの自由が従属に堕落するなら、イギリスの自由は粗野なエゴイズムに、フランスの自由は反教権的な俗物根性に堕落する。それらはすべて、彼らの思想へのつねに新たな向上によってのみ、活気を呈するのだ。そしてドイツにとっては、われわれが期待するところでは、戦争こそわれわれの思想への新たな浄化と向上なのである。……こうしたドイツの自由にたいする公式をつくりたいと思うなら、こういえよう。全体にたいする個人の義務的な、同時に批判的な献身にもとづく整然とした民族統一は、自由な精神的な教養の独立と個性とによって補われ、訂正される、と。そしてこのようなぎこちない公式を要約したいなら、すべてのこうした公式に存する一面性と許しがたい一般性との危険を冒して、こういうことができよう。国家社会主義と教養個人主義、と[18]」。

以上のようなトレルチの言説に典型的に見てとれるように、第一次大戦は、ドイツ人をしてイギリスやフランスやアメリカの自由に対抗して、「ドイツ的自由」の独自性を声高に主張するよう強いることになる。『ドイツ的自由』*Die deutsche Freiheit*（1917）と題された小著は、「ドイツ的自由」の理念ということが当時のドイツでいかに死活問題になっていたかをよく例証している。これはアドルフ・フォン・ハルナック、フリードリヒ・マイネッケ、マックス・ゼーリンク、エルンスト・トレルチ、オットー・ヒンツェという、当時のドイツのアカデミズムを代表する五人の学者が、一九一七年五月十八、二十二、二十五日の三回にわたって帝国議会でおこなった講演を収録したものである。このなかで彼らはいずれも、アメリカのウィルソン大統領が一九一七年四月二日におこなった参戦宣言に断固反対して、ドイツ国家と民族の存亡をかけた今般の戦争を、英仏に代表される「西欧的自由」対「ドイツ的自由」の闘いとして捉え、「ドイツ的自由」もまた現代の国際政治の世界において、固有の市民権を認められるべき所以を熱っぽく語っている。しかし彼らが決して一面的にナショナリスティックに自国の弁護をしているのではないことは、例えば以下に引用するマイネッケの講演などにもよく窺える。

「全体として見ると、最初から西欧の理念がわれわれに力強く作用してきて、われわれ自身の自由理想の形成に与って有益な影響を与えてきたということは、われわれがまずもって容易に認めることができるところである。カントもシュタイン男爵も、フランス革命から学んだ。フランスとイギリスの思想の所産はわれわれの憲法のなかにも潜んでいる。しかしわれわれはそうした思想の所産を、われわれ自身の必要に応じて同化してきたのであった。そしてわれわれはその場合、専一的ではないにしても支配的な——まさに今日支配的な——西欧の思惟の主要な特徴とますます鋭く対比させながら、われわれの政治的思惟の主要な特徴を際立たせてきたのであった。個性的なものに対するわれわれの感覚は、ドイツ・イデアリスムスとロマン主義とによって発展させられたものであるが、この感覚がわれわれに教えるところは、西欧においては今日でも残響をとどめている十八世紀の啓蒙主義が信じたような、普遍妥当的な規範的自由は存在しないということである。それゆえ、西欧の自由のうちわれわれが使用できるのは、われわれにとって同質的なもの、われわれのもとに根源的発端を見いだすところのもの、そしてわれわれの国家生活の生ける幹の中まで伸びることができるところのものだけである。

事柄の核心に迫るとしよう。敵はドイツが軍国主義とユンカー階級との支配から解放されることを欲している。これに対してわれわれは言う、『区別せざるべからず』(Distinguendum est) と。われわれは、敵が願っているように軍事的に弱体化することを欲せず、むしろ今までどおり強いままであろうと欲する。……」[19]。

ここでマイネッケは、「ドイツ的自由」の理念が「英仏の自由の理念」の強い影響を受けてきたこと、またその影響が「ドイツ的自由」の理念を実り豊かにしてきたことを、率直に認めている。しかし、彼はここですでに「個性の原理」に至上権を与え、それを梃子に「ドイツ的自由」に固有の生存権を認めようと努めている。これは「ドイツ的自由」の主唱がいわゆる「歴史主義」（Historismus）と密接に結びついていることを暗示するものである。なぜなら、マイネッケは名著『歴史主義の成立』*Die Entstehung des Historismus*（1936）において、「歴史主義」を次のように定義しているからである。

「歴史主義とはとりあえず、ライプニッツからゲーテの死にいたる、大規模なドイツの運動の中で得られた新らしい生の原理を、歴史的生の上に適用することである、といえるであろう。この運動は西欧全体の運動を受けつぐものであるが、栄冠は結局ドイツ精神のものとなった。ドイツ精神はここで、宗教改革につぐ第二の偉業をなしとげたのである。しかし、発見されたものは新らしい生の原理そのものであったので、歴史主義もまた単なる精神科学的方法以上のものとなった。歴史主義の眼で世界と生を見るならば、これらは従来とは別様に見え、より深い背景があらわれる。……歴史主義の核心は、さまざまな歴史的＝人間的な力を、一般化的にではなく個性化的に考察することにある。もちろんこれは、歴史主義が今後人間生活の一般的法則性や類型を追求することをやめる、ということではない。歴史主義は自らこのような探求を行い、それを個別的なものへの感覚と融合させねばならない。歴史主義が呼びおこしたのは、個別的なものに対するこの新らしい感覚であった[20]」。

このように『歴史主義の成立』において、マイネッケは「歴史主義」を「宗教改革につぐドイツ精神の第二の偉業」（die zweite seiner [s.c., des deutschen Geistes] Großtaten nächst der Reformation）として捉え、しかもそれが呼びおこしたのは、「個別的なものに対する新しい感覚」（ein neuer Sinn für das Individuelle）であったというのであるが、かかる洞察は、われわれがすぐ上で見たように、すでに一九一七年の講演において決定的に重要な役割を演じている。すなわち、その講演においてマイネッケは、「個性的なものに対するわれわれの感覚は、ドイツ・イデアリスムスとロマン主義とによって発展させられたものであるが、この感覚がわれわれに教えるところは、西欧においては今日でも残響をとどめている十八世紀の啓蒙主義が信じたような、普遍妥当的な規範的自由は存在しないということである」、と明言している。

マイネッケの見方を分析すれば、「新しい生の原理」(neue Lebensprinzipien) としての「歴史主義」が、つまりはそこから見れば世界と生とが従来とは別様に見え、より深い背景があらわれるような、世界観的原理にまで高められた「歴史主義」が、ドイツの歴史と文化と深く関わりながら成立してきた、特殊的・個性的な「ドイツ的自由」(die deutsche Freiheit) を基礎づける梃子として用いられ、しかも「区別せざるべからず」(distinguendum est) という言葉に含意されているように、歴史主義の個性化の原理はさらに「普遍妥当的な規範的自由」の否定のために援用されていることが判明する。そしてこのような生の原理としての「歴史主義」と「ドイツ的自由」の理念との結びつきは、ついにはドイツの政治的・軍事的な特殊路線、ないしはドイツ的な「特殊な道」(Sonderweg) の正当化へと連動していくわけである。したがって、「ドイツ的自由」の理念についての検証は、同時にまた「歴史主義」というすぐれてドイツ的な現象ないし運動の本質についての、徹底的＝批判的な再検討を迫るものとなるであろう。

紙幅の制約上、ここでマイネッケにこれ以上深入りすることはできないが、最後に一つだけつけ加えておけば、「われわれの歴史的運命」(unsere geschichtlichen Schicksal)、「ドイツ民族の歴史の不幸な経過」(den verhängnisvollen Gang)、「絶大な力をもった歴史的運命」(ein allgewaltiges historisches Schicksal) といったような表現が、マイネッケだけでなく他の講演者の講演にも頻出している。このことは、彼らが世界大戦という仕方で表面化した「ドイツと西欧」の対立を、それがいかに不幸なものであろうと身をもって耐え抜かなければならない、ドイツ民族の「歴史的運命」として受けとめたということを暗示している。この点では、われわれが次に考察するトーマス・マンの戦時中の態度も、マイネッケやトレルチとほぼ同一の軌道上を動いていた、と言ってよいであろう。しかも彼は、マイネッケと同様、かかる歴史的運命の帰結としての「ドイツの悲劇」(die deutsche Katastrophen) を身をもって体験しただけでなく、このベルリンの歴史家よりもはるかに劇的な仕方で、そのような民族的不幸を個人的に体現したような皮肉《イローニッシュ》な人生を歩むことになる。

そこでわれわれは、以下においてトーマス・マンに照準を合わせ、彼が第二次世界大戦直後におこなった自己省察(それはまさにドイツ的徹底性の実例とも言ってよく、ほとんど自己嫌悪ないし自己呪詛ともいうべき徹底的に批判的な自己省察である!)を通して、「ドイツ的自由」の問題性を検証してみようと思う。

3 トーマス・マンと「ドイツ的自由」の問題性

一九一四年八月一日の戦争勃発の直後、トーマス・マンは時事的エッセイを発表し、翌年それは『戦時随筆』*Gedanken im Kriege* ―― マンはこれをのちに二度とふたたび出版させることはなかった ―― という表題で出版されるのであるが、そこでマンはドイツ国民に断固戦争を戦い抜くことを呼びかけた。自称「非政治的」(unpolitisch) なこの小説家は、一九一五年、スウェーデンの新聞にも手紙を書き送り、ドイツの勝利を確信するかなり高揚した口調で、「新聞を読んで動揺し、ドイツ人の追放を公然と叫ぶ者は、彼の暴露的行為どころか自分の滑稽さをものちに長く、あとに残すだろう[21]」と断言した。しかしマンのこのような愛国主義的な言動は、周知のように、フランスの作家ロマン・ロランの激烈な批判を招く羽目になる。ロランは『戦いを越えて』という書物において、「トーマス・マンの文明と文化のアンチ・テーゼに関する大たわけごと」を痛罵し、「トーマス・マンは傲慢と激しい錯乱発作のなかで、かつてドイツに対して加えられた最悪の非難をもって、逆にドイツを飾ろうと躍起になっている」、と述べたのであった。国外からのこのような告発に呼応するかのように、今度は国内から、しかも実の兄ハインリヒ・マンから、猛烈きわまりない批判が加えられることになる。フランス文明を高く評価していたハインリヒ・マンは、もっぱらエミール・ゾラを論じながら、しかし間接的には痛烈な皮肉をこめて、ドイツ帝国主義とその弁護人になりさがった弟トーマスを批判したのであった。「自由、正義、真理ではなく、ただ力だけを頼りにする国家、命令と服従、金儲けと搾取があるだけで、人間性を意に介さぬ国家、そういう国家は、たとえ超人的な力をもって軍をおこそうとも、勝利を得ることはできぬ」、と。これに対してトーマス・マンは、『非政治的人間の考察』*Betrachtungen eines Unpolitischen*（1918）において、兄の名前を挙げることなく、しかし明らかにハインリヒを念頭に置いて、「文明の文学者」（Zivilisationsliterat）に対して徹底的な攻撃を加えた。特にその書の第三章は、「文明の文学者」に反駁することに費やされているのであるが、「文明の文学者」というこの軽蔑的な表現には、二重のアンチテーゼが隠されていた。すなわち、第一のアンチテーゼは、われわれドイツ人は文化（Kultur）をもっているが、英仏人は単に文明（Zivilisation）しかもっていない、というものであり、第二のそれは、こちらには文芸（Dichtung）があるが、あちらは単に文学（Literatur）しかない、というものであった[22]。

しかし、ドイツ精神と文化に対するトーマス・マンのドン・キホーテ的な弁護もむなしく、ドイツは敗戦の憂き目を見ることになる。そしてその苦難の中で成立したワイマール共和国において、いわゆる「ワイマール・デモクラシー」の試みにあえなく失敗した後、ドイツは三十年代にヒトラーとナチズムの擡頭を許し、ついには全世界を奈落の底に突き落とすことになる、軍国主義路線《ミリタリスムス》をひた走りに走り出す。しかしひとの運命とは実に皮肉なもので、やがてトーマス・マンは、彼がかつてあれほど躍起になって弁護した祖国ドイツを追われることになる。マンは、ヒトラーが首相に任命された約十日後の一九三三年二月十一日、ヨーロッパ各地で講演するために、「手荷物一つをもって」旅行に出発するのであるが、結果的にはこれが長い亡命生活の始まりとなった。そして第二次世界大戦が終結したときには、なんと彼はドイツの敵国アメリカの市民となっていた（マンは一九三八年九月、それまでの仮寓の地であったスイスからアメリカに移り、さらに一九四四年六月、アメリカ市民権を獲得したのであった）。そして、ドイツが無条件降伏をした一九四五年五月七日から約三週間後の五月二十九日に、トーマス・マンは首都ワシントンD・C・の「国会図書館」クーリッジ講堂において、敗戦国ドイツを代弁するドイツ人として、しかも戦勝国のアメリカ市民として、多少おぼつかない英語を用いながら、歴史的な名講演を行なうことになる。

「ドイツとドイツ人」（Deutschland und die Deutsche）と題されたこの講演は、[23]六月六日で満七十歳を迎えるトーマス・マンのために開かれた祝賀会の席上で語られたものであるが、しかしいまだ戦争の生々しい記憶が醒めやらぬ時期に、アメリカに亡命したドイツのノーベル賞作家が自らの精神的遍歴と重ね合わせて開陳したものだけに、現代史における「ドイツの悲劇」の内的・精神的原因を明らかにするものとして、かぎりなく重要な歴史的ドキュメントとなっている。すなわち、この講演は単にトーマス・マンという一人の作家を知る上で重要であるだけでなく、われわれの目下の関心事である「ドイツ的自由」の理念や、ドイツ精神一般の本質を考える上でも、見逃すことのできない重要な精神史的洞察を提供するものである。なぜならそれは、自らドイツの精神的伝統の「最後の後継者」をもって任じていたマンが、ドイツ精神の本質と問題性を、自分自身の体験に即しながら、自己検証的＝自己批判的に、開陳したものだからである。

その講演においてトーマス・マンは、まずドイツ人の精神世界ないし心理構造を「複合的世界」(die komplexe Welt) として規定する。すなわちマンによれば、ドイツ人は一方において「世界を求める性向」ないし「国際人気質」を有しており、自ら「世界市民」たらんと欲しているが、他方においては「世界に対する憶病さ」、「世界に対する内気さ」、要するに「田舎者気質」ないし「非世俗性」ということが、ドイツ人の本質的特徴をなしているという。そこから、外国人に揶揄される「非世俗的で田舎者的なドイツの世界市民性」(unweltliche und provinzielle deutsche Weltbürgerlichkeit)(24) というドイツ人の精神像が生じてくる。いずれにせよ、ドイツ人は本来的に「思想深遠なる処世下手」でありながら、「一種の因習的世界主義」、「いわば寝ぼけ顔の時代おくれの国際主義」を唱えて、国際社会の仲間入りを果たそうとした結果、ついに未曾有の蛮行となって世界を不幸のどん底に陥れ、今時の悲劇になったのである。

かかる「ドイツの悲劇」の大本の原因を求めて、マンはドイツ的心情の最深の内奥にまで分け入り、そこに「ドイツ的心情と悪霊的《デモーニッシュ》なものとの密かな結びつき」を見いだす。彼によれば、この結びつきを最もよく例証しているのが、例の『ファウスト』物語であるという。


「わが国の最高の詩作品、ゲーテの『ファウスト』は、中世と人文主義の境界線上にある人間、不遜なる認識衝動から、魔術に、悪魔に身を委ねる神的人間を主人公にしています。知性の高慢さが心情の古代的偏狭さと合体する時、そこに悪魔が生まれます。そして悪魔は、ルターの悪魔もファウストの悪魔も、私にはきわめてドイツ的な形姿のように思われて仕方がありません。悪魔と盟約を結ぶこと、魂の救済を放棄してしばらくの間この世のあらゆる富と権力を手に入れるために悪魔に身を売り渡すことは、ドイツ的本質に何か独特に近いものがあるように思われてなりません[25]」。

さらにマンは、「伝説や文学作品がファウストを音楽と結び付けていないのは、大きな誤り[26]」であるとの見解を披露する。周知のように、マン自身も「ファウスト伝説」に並々ならぬ関心を向け、大先達ゲーテの『ファウスト』を踏まえながら、『ファウストゥス博士』*Doktor Faustus*（1947）という小説を書いているが、彼はそこでこの伝説上の形姿を音楽に結びつけて、主人公のファウスト的人物アードリアーン・レーヴァーキューンを作曲家に設定している。それはともあれ、ドイツ的人間像の原型ともいうべきファウストを音楽と結びつけているのは、ドイツ人の精神の「内面性」（Innerlichkeit）を解明するよすがにもなり、実に注目に値する卓見であると言えよう[27]。この点に関連して、マンは以下のように述べている。

「ファウストは音楽的であるべきでしょう。音楽家であるべきでしょう。音楽は悪霊的《デモーニッシュ》な領域です。……ファウストをもしドイツ人の精神の代表者にするのなら、彼は音楽的でなければならないでしょう。なぜなら、ドイツ人の世界に対する関係は、抽象的にして神秘的、すなわち音楽的だからです。――それは、無器用でありながら、《深遠さ》においては世界よりもはるかに勝っているという高慢な意識を強く持った、悪霊的《デモーニッシュ》な気配を帯びた一人の教授の、世界に対する関係であります。……この深遠さは、いかなる点に存するのでしょうか。それはまさしくドイツ人の精神の音楽性の中に、その内面性と呼ばれるものの中に、すなわち、人間のエネルギーが思弁的要素と社会的政治的要素とに分裂し、前者が後者に対して完全な優位を占めていることの中に存するものであります[28]」。

このように「ドイツ人の精神の音楽性」について述べた後、マンはさらにかかる音楽性の特質をより詳細に規定して、それを「水平型」ではなく「垂直型」の音楽性であるという。彼によれば、ドイツ人は「主として垂直型の音楽家」であって、「水平型の音楽家」ではない。「旋律の名手であるよりは、バルザックが対位法をも含めた意味で言っている和声《ハーモニー》の名手」であって、「人間の声の讃美者であるよりはむしろ器楽の作曲家」である。たしかにドイツ人は西欧に「最も深遠で最も意味深い音楽」を贈ったし、西欧はドイツ人に対して、そのことに対する感謝と賞讃を惜まなかった。しかし、「西欧はまた同時に、このような魂の音楽性が他の領域において――政治の領域、人間の共同生活の領域において――高価な代償を支払って得たものであることも感じておりましたし、今日、これまでにもまして強く感じています[29]」と述べて、彼はかかるドイツ的精神性の現実的危うさを暗示する。

マンは次に宗教改革者マルティン・ルターにその批判の矛先を向け、このドイツ的英雄が「ドイツの運命とドイツの罪」に対して果たした決定的な役割を容赦なく断罪する。マンのかかるルター批判は、長い歴史を有するルター受容史においても出色のものであるので、この講演における彼の発言をそのまま抜き出しておきたいと思う。

「ドイツ的本質の巨大な化身、マルティン・ルターは、並外れて音楽的でありました。私は彼が好きではありません。これは率直に申し上げます。純粋培養されたドイツ性、分離主義的反ローマ的なるもの、反ヨーロッパ的なるものに、私は嫌悪感と不安を感じるのです。たとえそれが新教《プロテスタント》的自由や宗教的解放として現われているにしても、です。そしてとりわけルター的なもの、つまり怒りっぽくて粗野なところ、罵詈雑言《ばりぞうごん》、唾棄《だき》、激昂《げっこう》、恐ろしく逞《たくま》しいところ、しかもそれが繊細な心情の深さや、悪霊《デーモン》や悪魔や奇形児《きけい》に対するはなはだしい迷信と結び付いたものに、私は本能的嫌悪感を覚えるのです。……ルターが並外れて偉大な人間であったこと、この上なくドイツ的な様式において偉大であり、解放的な力であると同時に反動的な力でもあるというその意味の二重性においてもまた偉大であったこと、つまり彼が保守的革命家であったことを、誰が否定しようとするでしょうか。……彼はキリスト教を救ったのです。……ドイツは、キリスト教をこの上なく真剣に受け取ったのです。キリスト教は、ほかの国ではもはや真剣に受け取られなくなっていた時代に、ドイツ人ルターにおいて、小児のごとく農民のごとく至極真剣に受け取られました。ルターの革命がキリスト教の命脈を保たせたのです(30)」。

「マルティン・ルターの偉大さになんら反対するものではありません！　彼はあの卓抜な聖書翻訳によって、後にゲーテとニーチェが完成に導いたドイツ語をまさに初めて創造したばかりでなく、スコラ哲学の桎梏《しっこく》を打破し、良心を甦《よみがえ》らせたことによって、研究、批判、哲学的思索の自由を強力に推進したのです。彼は、人間の神に対する関係の直接性を回復させたことによって、ヨーロッパの民主主義を促進しました(31)」。

「ドイツの理想主義哲学、敬虔《けいけん》主義的な良心の検証による心理学の洗練化、そして最後に、道徳から発した、真理への極端な厳格さから発したキリスト教道徳の自己超克――これはつまり、ニーチェの事業《タート》（ないし非行《ウンタート》）のことですが――、これらすべてはルターから来たものです。彼は自由の英雄（ein Freiheitsheld）でした――ただしドイツ流に、であります。というのは、彼は自由については何も理解していなかったのですから。私がここで申し上げているのはキリスト者の自由のことではなく、政治的自由、市民の自由のことであります(32)」。

「特徴的にして記念碑的にドイツ的なるもの……それを体現しているのは、音楽的神学者ルターなのであります。……音楽的ドイツ的内面性と非世俗性の産物であるルターの反政治的敬虔さは、何世紀にもわたって、諸侯その他あらゆる国家当局に対するドイツ人の卑屈な態度を作り出しただけではありません。またそれは、思弁においてはこの上なく大胆でありながら政治的には成人の域に達していないというドイツ人の分裂した本質を一部助長し、一部創造しただけでもありません。ルターの反政治的敬虔さは、何よりも、国民的衝動と政治的自由の理想との分裂というドイツ特有の事情を、記念碑的かつ頑固に例示しているのです[33]」。

マンのルター解釈を十全な仕方で論ずるためには、この講演における発言だけでなく、なかんずく小説『ファウストゥス博士』を考察の対象に入れなければならないが、残念ながらここでその課題に取り組む余裕はない[34]。いずれにせよ、以上の引用に明らかなように、マンはルターに淵源する「ドイツ的自由」の理念が、実は大いなる問題性を孕むものであったことを、いまやアメリカの聴衆を前にして正直に告白するのである。すなわち、ルターのいう「キリスト者の自由」(die Freiheit des Christenmenschen) は「宗教的自由」(die religiöse Freiheit) ではあっても、「政治的自由」(die politische Freiheit) や「市民の自由」(die Freiheit des Staatsbürgers) とは無縁のものであり、実のところ彼は後者の意味での「自由については何も理解していなかった」(er verstand nichts von Freiheit) という。マンによれば、「自由は、政治的に解釈すると、何よりもまず倫理的内政的概念(ein moralisch-innerpolitischer Begriff) である」べきであり、「内部において自由でなく、自己自身に責任の持てない民族は、外的な自由に価しない」はずである。ところが「ドイツの自由概念はいつももっぱら外部に向けられて」おり、それはつねに「ドイツ的である権利、もっぱらドイツ的であり、それ以外の何物でもなく、それを超える何物でもない権利[35]」を意味したという。そこでマンは、「なぜ、ドイツの自由衝動は、いつも内部の不自由に帰着せざるをえないのか」、「なぜそれは、今や遂に他のすべての人々の自由に対する、自由そのものに対する暗殺計画とすらならざるをえなかったのか」と自問しながら、その答えを「ドイツがまだ一度も革命を経験したことがなく、国民（Nation）という概念を自由の概念と結びつけることを学んだことがない[36]」というところに見いだす。すなわち、「ドイツ的自由」は「国民的衝動と政治的自由の理想との分裂」を招来したばかりでなく、またそのような不幸な分裂状態の上にはじめて成り立っているものであり、したがって「ドイツ的自由」の理念は「国粋的反ヨーロッパ的（völkisch-antieuropäisch）であり、常に野蛮なものに極めて近い[37]」という。

結局のところ、このような「ドイツ的自由」の問題性は、ドイツ人と政治との関わりそのものをあらためて問うことをわれわれに強いる。マンによれば、政治は「芸術と同様に、精神と実人生、理念と現実、望ましいものとやむをえざるもの、良心と行動、倫理性と権力との間に立って創造的にこれを仲介する位置を占めるもの」であり、その意味でそれは「可能性の芸術」（die Kunst des Möglichen）とも呼ばれてきたものである。ところがドイツ人は、生まれつき政治には不向きな民族であるという。マンによれば、「ドイツ人の心情と政治との関係は、アンバランスな関係（ein Unverhältnis）、不適格という関係（ein Verhältnis der Unberufenheit）[38]」なのである。ドイツ人の大半は、理念と現実との調停――これこそが政治の本分である――に不可避的に随伴する「妥協」（Kompromiß）を、肯定的・建設的なものとしては受けとめることができないという。

「政治に適し政治に生まれついた民族は、事実また本能的にも、良心と行動、精神と権力との政治的統一を、少なくとも主観的には常に維持するすべを心得ています。彼らは政治を実人生と権力の芸術としておこなうのですが、その場合、この芸術には人生に役立つ悪や、あまりにも現世的なものが混入しないではすまされませんが、一方、より高いもの、理念、人類としてまともなもの、倫理的なものをまったく視野に入れなくなることもありません。まさにこうすることを彼らは《政治的》と感じ、このようにして彼らは世界と自分自身とを処理します。このような妥協に基づく人生の処理が、ドイツ人には偽善と感じられるのです。ドイツ人は人生を処理するようには生まれついておりません。彼らは政治をくそ真面目なやり方で誤解することによって、政治に不適格であることを証明します。天性からすれば決して悪人ではなく、精神的なもの理念的なものへの資質を持っているのに、ドイツ人は、政治とは虚偽、殺人、欺瞞、暴力以外の何物でもなく、完全かつ一面的に汚らわしいものにほかならないと考え、世俗的な野心から政治に身を売り渡す場合には、この哲学に従って政治をおこなうのです。……ドイツ人にとって、政治とは悪なのであります――かくて彼らは、政治のためにはまさに悪魔にならねばならぬ、と考えるのであります」(39)(傍点筆者)。

マンのかかる言説は、自ら「妥協」(Kompromiß)の信者たることを告白したトレルチの言説と符合しており、その意味でも両者の関係性を考える上でとても興味深いものがある。ちなみにトレルチは、幻に終わった英国講演の末尾で、以下のように述べている。

「われわれドイツ人の多くにとっては、妥協といえば、およそ思想家の犯し得るもっとも軽蔑すべきこと、もっとも低俗なること、と考えられています。『あれか、これか』という徹底した非妥協主義が要求されているのです。

……けれども、そんな人は勝手に問題をひねくりまわしていればよろしいのです。すべて徹底した非妥協主義というものは、不可能なことへ、そしてまた破滅へ、と導いてゆくものなのです。これについては何と言ってもキリスト教の歴史そのものが無限に豊富な教訓を示しております。キリスト教は、これを全体として眺めるとき、神国というユートピアと、尽きることなき現実生活との、大規模な、そのつど新たな形で行なわれた妥協であります。……畢竟するに、いっさいの生命そのものが、まったくの動物的な生命も、肉体と精神とを持つ生命も、これを形成し統合するもろもろの力の不断の不安定なる妥協であるのです。……もし全歴史の本質が妥協であるとすれば、思想家もその妥協を免れることは出来ないでしょう。そしてこの世のいっさいのものに妥協の性質があるということが、格別に重苦しくわれわれの魂を圧迫するようなときにも、思想家は自ら妥協の信者たることを告白せねばならないでしょう(40)」。

トレルチのマンへの影響関係をここで論ずることはできないが、いずれにせよマンによれば、ドイツ人の心情と政治との「アンバランスな関係」が、精神的理想主義と政治的現実主義との逆説的結合を可能にするのである。すなわち、ドイツ・ロマン主義に結晶する偉大な理想主義的世界観が、その裏腹で現実主義的権力政治と秘かに自家撞着的に結びつくという逆説的な事態である。文学者マンはそのような「陰鬱な歴史」を「ドイツの『内面性《インナーリヒカイト》』の歴史」と名づけて、実に見事な筆致で叙述している。

「ドイツ・ロマン派、それはあの最も美しいドイツ人の特性、ドイツ人の内面性の発露以外の何物でしょうか。多くの憧憬に満ちた夢想的なもの、幻想的で妖気を漂わせたもの、深遠で風変わりなもの、それにまた高度な芸術的洗練、あらゆるものを超えて漂う反語精神《イロニー》、こうしたものがロマン派の概念と結び付いております。しかし、ドイツ・ロマン派について語るとき、私が考えているのは、実はこのことではありません。それはむしろ、ある種の暗い力強さと敬虔さなのです。あるいは、こう言ってもいいかも知れません。それは自分自身が、地底の世界に通じるような非合理的で悪霊的《デモーニッシュ》な生命力に近いところに、すなわち人間の生命の本来の源泉の近くにいると感じており、他方単に理性的でしかない世界観や世界論に対しては、自分はもっと深い理解を持ち、聖なるものともっと深い結び付きを持っているとして反逆する、そのような魂の古代性なのです。ドイツ人は、啓蒙主義の哲学的主知主義と合理主義に反抗するロマン主義的反革命の民族――文学に対する音楽の、明晰に対する神秘主義の反抗の民族であります。ロマン主義は決して弱々しい陶酔ではありません。それは自らを同時に力と感じ、充溢《じゅういつ》と感じる深淵であり、批評と社会改良主義に反対して、存在するもの、現実的なるもの、歴史的なるものに味方する、つまり要するに精神に反対して力に味方する、そしてあらゆる美辞麗句を並べ立てる道学者ぶりや理想主義的世界美化の言辞を極度に蔑視する、誠実さのペシミズムなのであります。ここに、ロマン主義と、ドイツが生んだ唯一の政治的天才であるビスマルクにおいてヨーロッパに対する勝利を祝ったあの現実主義《リアリズム》ないしマキャベリズム、この二つのものの結び付きがあります(41)」。

マンはドイツ・ロマン主義の精神史的功績を十分認めながらも、その致命的欠陥をも自ら熟知している。なぜなら、彼自身がドイツ・ロマン主義の伝統の「最後の後継者」ともいうべき立場にあったからである。彼によれば、ロマン主義は「本質的に沈潜であり、なかんずく過去への沈潜」であるという。それは「過去への憧憬であると同時に、現実に存在した一切のものを、その固有の権利において、その地方色や雰囲気もろともに、現実主義的《リアリスティック》に承認する感覚」[42]なのである。それゆえ、ロマン主義は本質的に両義的であり、その偉大さは死や破壊と隣り合わせの逆説的偉大さにほかならない。マンはゲーテの有名な定義を引き合いに出して、ロマン主義のパラドクシカルな性格を次のように説明する。

「ゲーテは、古典的なものは健康なものであり、ロマン的なものは病的である、という簡潔な定義を下しました。これは、ロマン派をその罪悪や悪徳をも含めて愛する者にとっては痛い主張です。しかし、薔薇《ばら》に毛虫が巣食っているように、ロマン派が、その最も優しく最も繊細な、庶民的であると同時に高度に洗練された現われにおいてすら、体内に病菌を抱いているということ、ロマン派がその最奥の本質からすれば誘惑であり、それも死への誘惑であるということは否定できません。抽象的理性に対する、浅薄な人道主義に対する革命的な反抗として非合理な生命力を擁護するロマン主義が、ほかならぬこのような非合理的なものと過去への没入を通して死との深い親近関係を持っていること、これはロマン派の、人を困惑させるようなパラドックスであります[43]」。

「ロマン派は、その本来の故郷であるドイツにおいて、ただ単に道徳的であるに過ぎぬものに反対する生命力の讃美であると同時に、死への親近性でもあるというこの虹色に輝く意味の二重性を、最も強く、また最も無気味に実証しました。ロマン派は、ドイツ的精神として、ロマン主義的反革命として、ヨーロッパの思考に深く活気づけるような刺戟を与えました。しかし一方、ロマン派の側では、生死を賭した誇りのゆえに、ヨーロッパから、ヨーロッパ的な人類宗教の精神、ヨーロッパ的民主主義の精神から、何らかの矯正的教訓を受け取ることが妨げられたのです。ビスマルク主義として、フランスに対する、文明に対するドイツの勝利として、ロマン主義が現実主義的権力政治的姿をとって現われ、一見この上なく逞しい健康に輝くかに見えるドイツの権力国家を建設したことによって、ロマン主義は確かに世界を驚嘆させずにはおきませんでしたが、しかしまた世界を困惑させ、がっかりさせもしたのです。そして、天才ビスマルク自身がもはやこの帝国を統率しなくなるやいなや、世界を絶えざる不安な状態におとしいれたのであります。

その上、この統一された権力国家は、ひとつの文化的幻滅でありました。かつては世界の教師であったドイツから、精神的に偉大なものはもはや生まれませんでした。ドイツは、今はもはやただ強いだけでしかありませんでした。しかし、この強さの中に、あらゆる組織化された有能な実力の背後で、ロマン派的な病菌と死の萌芽が生き続け、作用し続けていたのです。歴史的な不幸が、敗戦の苦悩と屈辱がそれに養分を与えて繁殖させました。そして、哀れむべき大衆的水準まで、ヒトラーのような男の水準まで堕落して、ドイツのロマン主義はヒステリックな蛮行となり、傲慢《ごうまん》さと犯罪との陶酔、痙攣《けいれん》となって爆発しました(44)」。

アメリカ市民としてのドイツ人のマンは、この講演で披露したようなドイツの「内面性」の歴史についての考察を、「自分とは無縁で冷やかな局外者的知識から生まれたものではなく、われとわが身で体験した」ものであると言い、次のような感銘深い言葉をもって結ぶ。

「この歴史〔ドイツの〈内面性〉の歴史〕は一つのことを私たちの肝に銘じさせるかも知れません。それは、悪しきドイツと良きドイツと二つのドイツがあるのではないということ、ドイツは一つだけであり、その最良のものが悪魔の策略にかかって悪しきものになったのだ、ということであります。悪しきドイツ、それは道を過《あやま》った良きドイツであり、不幸と罪と破滅のうちにある良きドイツであります」[45]。

4　もう一つの「ドイツ的自由」の可能性

以上われわれは、講演「ドイツとドイツ人」におけるトーマス・マンの議論に密着しながら、「ドイツ的自由」の理念に内包される問題性を考察してきたのであるが、マンが大胆に描き出した「ドイツ的自由」の根本的特質と主要な発展方向は、他のドイツ精神史家たちもほぼ口をそろえて指摘するところである。例えば、マン同様、一九三〇年代に外国への亡命を余儀なくされた哲学者のヘルムート・プレスナーは、『遅れてきた国民』*Die verspätete Nation*（1959）において、マンが素描的に描き出した近代ドイツの歴史発展を、精神史的＝社会史的に掘り下げて論じているが、彼の論述も、すくなくとも現象面の叙述に関するかぎりは、マンのそれとほぼ一致している[46]。

プレスナーもドイツ人の「内面性」という特質に着目しながら、ドイツにおける哲学と音楽の比類なき発展が「社会発展の未熟さ《マンゲル》」ときわめて密接に関わっていることを指摘し、そしてドイツ人における「内面性と社会性との亀裂」、「国家に対する責任意識と精神世界に対する責任意識の二元論的分裂」を大いに問題視している。しかし彼は、このようなドイツ特有の現象の背景をマンよりもはるかに深く掘り下げて考察している。彼の見るところでは、ルターの宗教改革原理からすれば政治的に中立であるべきだったルター主義が、領邦君主と結託して「領土ガ属スル人ニ宗教モ属スル」（cuius regio, eius religio）という原則を確立したこと、そしてドイツのプロテスタンティズムが半強制的な国教会的組織となったことが、ドイツの土壌の上で「西欧的な政治的自由」――彼はそれを「政治的ヒューマニズム」と呼んでいる――が健全に生育しなかった一番の原因である[47]。彼によれば、領主が宗派を選ぶことを決めたアウクスブルク講和と、それに立脚してドイツ各地に成立した領邦教会《ランデスキルヒェ》は、新たに目覚めた宗教的活力の自由な発展を阻んでしまい、個人の信仰心を「世俗的敬虔」へと追いやる結果になったという。言い換えれば、プロテスタンティズムの宗教的理念の教会内的実現が阻まれたために、「ルター派独特の宗教的世俗性と世俗的敬虔」(eine spezifisch lutherish-religiöse Weltlichkeit und Weltfrömmigkeit)[48]というものが成立したというのである。それではこの「世俗的敬虔」(Weltfrömmigkeit)とは何かと言えば、これは教会の外の世俗の領域において、なかんずく学問(特に哲学)や芸術(特に音楽)や文学に対して、ほとんど宗教に対するような敬虔なる帰依の心をもって打ち込むことを指している。

プレスナーが言うには、領邦教会が矮小国家を基盤とするかぎりは、信者との人格的関係をまだしももちえたが、小さな国々が徐々に強国に糾合され、遂にはプロイセンによってプロテスタント国家として統合される過程で、教会は次第に非人格的・官僚主義的な存在にならざるを得ず、かくして教会から疎外された宗教心の篤い人たちは、世俗の場に宗教的実践の場を求めて逃れ、そこでこそ自分たちの信仰的エネルギーを存分に発散しようとした。そしてこのことがドイツにおける文化の発展、とりわけ哲学と音楽の分野の発展を促進する役割を果たした。したがって、文化《クルトゥア》、精神《ガイスト》、生《レーベン》、民族《フォルク》といった言葉には「ドイツ人特有の世俗化した宗教性の深み」[49]が示されており、これは「教会世界から世俗世界へ向けての宗教的なものの役割転換」[50]が遂行されたことの、いわば必然的な結果であるという。

プレスナーのこの書物はきわめて啓発的な洞察を多く含んでおり、それ自体として入念な考察に値するが、われわれはここでそれを詳しく論ずる余裕はない。しかし、われわれの関心にとって重要と思われる点をひとつだけつけ加えておけば、彼は西欧において健全な「政治的ヒューマニズム」が生育した主要因として、(1)ヨーロッパにはギリシア＝ローマの時代から、人間の理性的原理を根幹とする普遍主義的な精神的伝統があったこと、（2）とりわけ西欧においては、十八世紀の啓蒙主義の運動が国民国家の形成と内面的に結びついたこと、（3）そのなかでも特にオランダやアングロ・サクソン系の国々においては、自由教会《フライキルヒェントゥーム》の信仰伝統が人権の意識や寛容の精神を醸成し、民主主義と市民的自由の成立に大きく貢献したこと、などを挙げている。このことを裏返して言えば、もともとヨーロッパ共通の精神的伝統に与っていながらも、宗教改革以後のドイツにおいては、ルター主義がピューリタニズムのような自由教会による信仰の道を歩まなかったため、宗教的自由が政治的・市民的自由にまで展開されるにいたらず、精神生活と社会生活の二元論的分裂が押し進められたこと、それと同時に、ヨーロッパ的運動としての啓蒙主義が、ドイツにおいてはさまざまな政治的・社会的事情から、国民国家の形成と内面的に結びつかなかったことが、今世紀になってあのような「ドイツの悲劇」をもたらすことになる、ということである。

以上のようなプレスナーの見方を踏まえて、あらためてトーマス・マンの講演を批判的に検証してみれば、W・イェンスも指摘しているように、そこに「非常な片寄り」ないし一面性があることが判明する。[51] すなわち、その講演でマンは、ルターからドイツ・ロマン主義を経て、ワーグナーとニーチェに到達し、さらにそこからヒトラーへと繋がる線を強調しているが、われわれがすでに指摘したように、実はこれは彼自身が密接に関連している典型的なドイツ的伝統そのものなのである。しかし、ドイツの精神的伝統の中には、マンが意識的に無視したかあるいは冷淡に扱った、「もう一つの方向線」が存在する。ハンス・マイヤーによれば、このような「まったく別の方向」とは、ハインリヒ・ハイネによって『ドイツの宗教と哲学の歴史について』*Zur Geschichte der Religion und Philosophie in Deutschland*（1834；2 Aufl., 1852）という書物の中で示されたもので、それは「レッシングはルターを継承した」（Lessing hat den Luther fortgesetzt）[52] というハイネの有名なテーゼの中に暗示されているという。

すなわち、それはルターからレッシングとカントを経てヘーゲルへ、そしてヘーゲルからハイネへ、さらにはマルクスへと繋がる線である。[53] このような見方の是非については詳しい検証が必要であるが、いずれにせよハンス・マイヤーが言うように、そのような発展経路は、ヨーロッパの啓蒙主義の立場からすれば、それなりに筋が通っていると言えるであろうし、またこの線から見るとマンが描き出したドイツ精神の発展方向の問題性が、あらためて浮き彫りになってくる。

このように見てくると、われわれはマンによって軽視されたルターからレッシングへという発展方向に、あらためて注目せざるを得ない。[54] それはまたレッシングとカントにおいて頂点に達する「ドイツ啓蒙主義」の再検討を迫らざるを得ない。カントが「啓蒙」ということを定義して、「啓蒙とは、人間がみずから招きみずからにその責めがある、未成年状態から抜けでること（der Ausgang des Menschen aus seiner selbst verschuldeten Unmündigkeit）である」と言ったことは周知の通りであるが、彼においてはこのような「未成年状態からの脱却」は、具体的には、「他人の指導がなくても自分自身の悟性を敢えて使用しようとする決意と勇気」をもつこと、要するに「人間理性の自律化」を意味していた。[55] しかし、レッシングにはこのようなカント的な倫理的自律性＝成人性の理想を、もう一度問い返すような視点が含まれている。われわれはそのような視点を『賢者ナータン』第四幕第七場の以下のシーンに見て取ることができるであろう。

「しかしそのうちに、次第に理性が戻ってきました。理性は穏やかな声でこう申しました。『しかし、それでも神はおいでになる！これもやはり神の思し召しだったのだ！さあ！元気を出せ！お前がとっくに頭で理解していることを実行するのだ。お前にその意志さえあれば、実行することが頭で理解することより難しい筈はない。さあ、立ち上がるのだ！』――わたしは立ち上がりました！そして神に向かって叫びました。『わたしにはその意志があります！わたしがその意志をもつことが、あなた様の御意志でさえあるなら！(Ich will! Willst du nur, daß ich will!)』、と。――そのとき、あなたが馬から降り、あなたのマントにくるんだあの嬰児を、わたしに差し出されたのです」[56]。

この箇所については、拙著『レッシングとドイツ啓蒙』第五章第五節においてより十全な解釈を行なっているのでそれを参照されたいが、ここに見られるのは、もはや通常の意味での「自律性」ではない。たしかにレッシングにおいても、倫理的自律性は彼の目指すところである。ハンナ・アーレントは、いまだ「暗い時代」にレッシングが成し遂げた「自立的思考」(Selbstdenken)、つまり「自力で自律的に行なわれる思考」(independent thinking for oneself) を賞賛し、それをレッシング的啓蒙の貴重な精神的遺産と見なしているが[57]、しかしレッシングにとっての成熟した自律性は、必ずしも他人の指導を排除するものではない。なぜなら、ヘルマン・ティムが述べているように、「他人の指導を拋棄することは、大人になることの拒絶のしるしともなり得る」[58]からである。ナータン的理性のあり方が例証しているように、成熟した自律性は人間理性の深い限界性の自覚を踏まえつつ、彼岸の声（神的命令）に自発的に聴き従うものである。それは人間的意志の背後に、「わたしは欲します、もしわたしが欲することをあなたが欲しておられさえすれば」(Ich will! Willst du nur, daß ich will!) という二重化ないし重畳化された意志の構造を隠しもっている。このような「自律性」を言い表わすには、もはや通常の Autonomie という用語では十分ではない。それは、トレルチの用語を援用すれば、「自神律」(Autotheonomie) とでも名づけられるべきものである[59]。

いずれにせよ、以上のような考察は、レッシングやカントを含めて、ドイツの精神的伝統について、新しい視点からの根本的見直しをわれわれに迫るものである。トーマス・マンが共感を覚えなかったような、レッシング、カント、フンボルト、ハイネなどの思想の中には、十九世紀初頭から二十世紀中葉にかけて前面に出てくるロマン主義的な自由の理念とは趣きを異にする、もう一つの「ドイツ的自由」の伝統がある。その伝統を掘り起こして、よりバランスのとれた「ドイツ的自由」の理念を提示することが、われわれに課された今後の課題であろう。

（1）G.W.F. Hegel. "Die Verfassung Deutschlands" (1800-1802), in: *Werke in zwanzig Bänden.* Bd. 1, S. 453. 訳文はヘーゲル、金子武蔵訳『政治論文集（上）』岩波文庫、一九六七年、三七―三八頁を借用。
（2）ヘーゲル、武市健人訳『歴史哲学』上巻、岩波文庫、一九七一年、七六頁。
（3）同七九頁。
（4）同二一八頁。
（5）同七八頁。
（6）マルクス、城塚登訳『ユダヤ人問題によせて・ヘーゲル法哲学批判序説』、岩波文庫、一九七四年、七四頁。なお、『ヘーゲル法哲学批判序説』は『ユダヤ人問題によせて』とともに、一八四四年二月末にパリで公刊された『独仏年誌』の第一―二分冊合併号に掲載されたものである。ちなみに、この号には当時パリ亡命中のハインリヒ・ハイネも「ルートヴィッヒ王頌歌」を寄稿している。
（7）同九六頁。
（8）ゴードン・A・クレイグ、眞鍋俊二訳『ドイツ人』みすず書房、一九九三年、四五頁。
（9）そのなかでも、近藤勝彦『デモクラシーの神学思想――自由の伝統とプロテスタンティズム――』（教文館、二〇〇〇年）第Ⅱ部第二章「エルンスト・トレルチにおける『保守的デモクラシー』」と Shinichi Sato, "Demokratisches Ethos bei Ernst Troeltsch," in *Freiheit gestalten: Zum Demokratieverständnis des deutschen Protestantismus,* herausgegeben von Dirk Bockermann, Norbert Friedrich, Christian Illian, Traugott Jähnichen und Susanne Schatz

(Göttingen: Vandenhoeck & Ruprecht, 1996), S. 198-209 が特筆に値する。

(10) 柳父圀近『エートスとクラトス』創文社、一九九二年、一八三頁。

(11) 同三〇五頁。

(12) エルンスト・トレルチ、西村貞二訳『ドイツ精神と西欧』筑摩書房、一九七〇年、一〇六頁。

(13) 同一〇七頁。

(14) 同九八頁。

(15) 同九九―一〇〇頁。

(16) 同一〇四頁。

(17) 同一〇四―一〇五頁。

(18) 同一〇六―一〇七頁。

(19) Friedrich Meinecke, "Die deutsche Freiheit," in *Die deutsche Freiheit: Fünf Vorträge*, herausgegeben vom Bund deutscher Gelehrter und Künstler (Gotha: Verlag Friedrich Andreas Perthes, 1917), S. 31. なお、マイネッケのこの講演は、現在では彼の『著作集』第九巻に再録されている。Friedrich Meinecke, *Werke*, herausgegeben von Hans Herzfeld, Carl Hinrichs, Walther Hofer, Eberhard Kessel, & Georg Kotowski, Bd. 9, *Brandenburg-Preußen-Deutschland* (München: R. Oldenbourg Verlag, 1965), S. 586-602.

(20) Friedrich Meinecke, *Werke*, herausgegeben von Hans Herzfeld, Carl Hinrichs, & Walther Hofer, Bd. 3, *Die Entstehung des Historismus* (München: R. Oldenbourg Verlag, 1965), S. 2. マイネッケ、菊盛英夫・麻生建訳『歴史主義の成立』上巻、筑摩書房、一九六七年、五頁。

(21) Thomas Mann, *Gesammelte Werke*, Bd. 13, *Nachträge* (Frankfurt am Main: Fischer Taschenbuch Verlag, 1990), S. 554.

(22) 詳細に関しては、トーマス・マン、前田敬作・山口知三訳『非政治的人間の考察』上巻、筑摩書房、一九六八年、七五―九六頁を参照されたい。

(23) この講演は現在では、Thomas Mann, *Gesammelte Werke*, Bd. 11, *Reden und Aufsätze* 3, S. 1126-1148に収録され

ている。邦訳はトーマス・マン、青木順三訳『ドイツとドイツ人』岩波文庫、一九九〇年、五―三八頁所収。

(24) トーマス・マン、青木順三訳『ドイツとドイツ人』岩波文庫、一九九〇年、十頁。

(25) 同一二頁。

(26) 同一二頁。

(27) しかし「ドイツ精神の音楽性」ということを言うのは、なにもトーマス・マンがはじめてではない。すでにトレルチは、「ドイツの芸術の心髄は、まさにこの理由で音楽である。音楽には、ドイツ的本質のあらゆる名状しがたいもの、形にあらわしがたいもの、すなわち無邪気さと英雄精神、快活と憂愁、信仰と生の闘争、問題性と直観が、われわれに知覚できる仕方ではっきりあらわれている」と述べている（『ドイツ精神と西欧』七〇頁）。

(28) マン『ドイツとドイツ人』一二―一三頁。

(29) 同一四頁。

(30) 同一四―一六頁。

(31) 同一六頁。

(32) 同一七頁。

(33) 同一九―二〇頁。

(34) マンのルター解釈にとって小説『ファウストゥス博士』がいかに重要であるかは、ある研究者の次の言葉がよく示している。「『ドイツとドイツ人』はファウストゥス小説を思想的に濃縮したものである」(Deutschland und die Deutschen ist das gedankliche Konzentrat des Faustus-Romans)。Ferdinand van Ingen, "Die Erasmus-Luther-Konstellation bei Stefan Zweig und Thomas Mann," in *Luther-Bilder im 20. Jahrhundert*. Symposium an der Freien Universität Amsterdam in Verbindung mit Cornelis Augustin und Ulrich Gäbler, herausgegeben von Ferdinand van Ingen und Gerd Labroisse（Amsterdam：Editions Rodopi B.V., 1984), S. 91-117；hier 108. なお、小説『ファウストゥス博士』におけるルター像については、Gerhard Kluge, "Luther in Thomas Manns Doktor Faustus," ibid., S. 119-139を参照されたい。

(35) マン『ドイツとドイツ人』21頁。

（36）同二一一―二一二頁。
（37）同二一二頁。
（38）同二一四頁。
（39）同二二五―二二六頁。
（40）Ernst Troeltsch, *Der Historismus und seine Überwindung* (Berlin : Pan Verlag Rolf Heise, 1924), 104-105. 訳文は大坪重明訳『歴史主義とその克服』（理想社、一九六八年）、一六八―一六九頁を借用。なお、本書の英語版 *Christian Thought : Its History and Application*, edited, with an Introduction and Index by Baron F. von Hügel (London : University of London Press, 1923) には、これに続けてドイツ語版にはない一頁半の、「妥協」に関するトレルチの所見が披露されており、トレルチにおける「妥協」の概念を論ずる上で、この箇所を見逃すことはできない。
（41）マン『ドイツとドイツ人』三〇―三一頁。
（42）同三二―三三頁。
（43）同三四頁。
（44）同三四―三五頁。
（45）同三六頁。
（46）Helmuth Plessner, *Die verspätete Nation : Über die politische Verführbarkeit bürgerlichen Geistes* (Stuttgart, Berlin, Köln, Mainz : W. Kohlhammer, 1959 ; Suhrkamp-Taschenbuch, Frankfurt am Main : Suhrkamp, 1974 ; 5. Aufl., 1994).邦訳は、ヘルムート・プレスナー、松本道介訳『ドイツロマン主義とナチズム』講談社学術文庫、一九九五年。なお厳密に言えば、マンの見方がプレスナーのそれに一致していると言うべきであろう。なぜなら、プレスナーの書物の最初の版は、一九三五年に『市民時代末期のドイツ精神の運命』(*Das Schicksal deutschen Geistes im Ausgang seiner bürgerlichen Epoche*) という題でスイスの出版社から出版されており、したがってマンの講演に十年先立っているからである。プレスナーは一九五九年にこの書物を『遅れてきた国民』と改題し、長文の「まえがき」を付して再版するのであるが、われわれにとって興味深いことに、彼はその「まえがき」の冒頭に、われわれが前節の末尾で言及したトーマス・マンの講演の言葉を引用している。

(47) 特に同書の第一—三章を参照のこと。

(48) Plessner, *Die verspätete Nation*, S.67.

(49) Plessner, *Die verspätete Nation*, S.73.

(50) Plessner, *Die verspätete Nation*, S.75.

(51) ハンス・マイヤー、宇京早苗訳『転換期——ドイツ人とドイツ——』法政大学出版局、一九九四年、三八八頁。

(52) Heinrich Heine, *Sämtliche Werke*, Bd.3, *Schriften zur Literatur und Politik I* (Darmstadt: Wissenschaftliche Buchgesellschaft, 1992), S. 472. 邦訳は『ハイネ散文作品集』第四巻、松籟社、一九九四年、九三頁。

(53) 同一三頁、及び三九一頁。

(54) W・イェンスは、レッシングに対するマンの関わりを以下のように評している。「しかし、マンはもう一方の線とは、つまり、ルター、レッシング、ハイネ、カントと繋がる線とはわずかの関連ももっていなかったのです。マンのレッシングに関するエッセイは、嘆かわしいほどのお粗末です。彼はレッシングに興味がなかったのです」（ハンス・マイヤー『転換期』三九二頁）。

(55) Immanuel Kant, "Beantwortung der Frage: Was ist Aufklärung?," in *Kants Werke* (Akademie Textausgabe), Bd. 8, *Abhandlungen nach 1781* (Berlin: Walter de Gruyter, 1968), S. 35.

(56) Gotthold Ephraim Lessing, *Werke*, hrsg. von Herbert G. Göpfert, Bd. 2, *Trauerspiele-Nathan-Dramatische Fragmente* (München: Carl Hanser Verlag, 1971), S. 316-317.

(57) Hannah Arendt, "On Humanity in Dark Times: Thoughts about Lessing," in *Gothold Ephraim Lessing: Nathan the Wise, Minna von Barnhelm, and Other Plays and Writings* (The German Library, vol.12), edited by Peter Demetz (New York: Continuum, 1995), p. viii.

(58) Hermann Timm, *Gott und die Freiheit: Studien zur Religionsphilosophie der Goethezeit*, Bd. 1, *Die Spinozarenaissance* (Frankfurt am Main: Vittorio Klostermann, 1974), S. 77.

(59) 「自神律」(Autotheonomie) という用語は、「キリスト教的自律は同時に神律である」ということを言い表わすために、トレルチが新たに造語したものである。Ernst Troeltsch, *Glaubenslehre*. Nach Heidelberger Vorlesungen aus den

Jahren 1911 und 1912 herausgegeben von Gertrud von le Fort（München & Leipzig：Verlag von Duncker & Humblot, 1925）, S. 201-202.なお、レッシングにおける理性概念ならびに自律性についてのより詳細な議論に関しては、拙著『レッシングとドイツ啓蒙』（創文社、一九九八年）ならびに*Lessing's Philosophy of Religion and the German Enlightenment*（New York：Oxford University Press, 2001）を参照されたい。

第五章　ラインホールド・ニーバーの歴史理解
——フクヤマならびにレーヴィットの歴史理解との比較対照において——

1　フランシス・フクヤマの「歴史の終わり」の問題性

（1）フランシス・フクヤマの「歴史の終わり」

フランス革命が勃発してからちょうど二百年目を迎えた一九八九年、世界史は未曾有の大変動を経験することになる。すなわち七十年以上にわたって世界の二大イデオロギーの一つとして君臨し、地球上のほぼ三分の二の地域を席捲してきた共産主義が、この年を境に音を立てて崩れ出したのである。冷戦時代の象徴ともいうべきベルリンの壁の崩壊とともに、東ヨーロッパの共産主義諸国は、さながらドミノ理論を裏返したような仕方で、東ドイツを皮切りに次々と解体に追い込まれた。そしてその崩壊のプロセスは遂には本家本元にまで及び、一九九一年八月に起こったソ連共産党内部の保守強硬派による反ゴルバチョフ・クーデターの失敗（エリツィンに指導された民主派グループの圧倒的勝利）によって、共産主義国家としてのソビエト連邦共和国は地球上から完全に姿を消した。このような世界史的な地核変動の震源の深さと規模の大きさには計り知れないものがあり、二〇世紀末に生起したこの大変動が今後、中国、北朝鮮、キューバなどの国々をどのように巻き込んでいくのかは専門家にも予断を許さない。しかしこの問題が二十一世紀初頭の最大の政治的関心事となることは、予想するに難くない。

ところで、その世界史的意義において二百年前の二つの革命（アメリカ独立戦争とフランス革命）に匹敵する、あるいはそれを凌駕すると言っても過言ではない、共産主義の終焉とそれに伴う冷戦構造の終焉に照らして、その当時世界中の人々の大きな関心を呼んだのは、当時アメリカ国務省企画部次長の要職にあったフランシス・フクヤマが提起した「歴史の終わり」に関する議論である。フクヤマは共産主義諸国の現実的崩壊に先立つこと数カ月、『ナショナル・インタレスト』という保守系の雑誌に、「歴史は終ったのか?」（The End of History?）と題するきわめてセンセーショナルな論文を発表し[1]、そこで次のような大胆なテーゼをうちだした。すなわち、現在われわれが目撃しているのは、単なる「冷戦の終焉」や「戦後史の特定期間の終了」といったものではなく、欧米型の「リベラルな民主主義」（liberal democracy）と「自由市場経済」（free markets）の圧倒的勝利であり、かかる「経済的・政治的自由主義」に対抗できるイデオロギーは尽きてしまった。換言すれば、リベラルな民主主義が「人類のイデオロギー上の進歩の終点」であり「人類の統治の最終形態」である。その意味で人類は絶対的目標（究極の理念）に到達し、したがって「歴史の終わり」（the end of history）が到来したのである、と。

このような主張の中に、「ある種の自己満足」やアメリカ人特有の楽観主義《オプティミズム》が反映されていることを指摘することはそれほど困難ではないが、しかしフクヤマの論文が発表された時期（まだ東ヨーロッパ諸国やソ連における劇的な崩壊劇が始まる以前であった!）を考慮に入れ、またその後三・四年のうちに起こった出来事に照らして考えてみると、彼の主張にはたしかに傾聴に値する問題提起と真理契機が、そしてそれに劣らず大きな問題点が、含まれていると言わざるを得ない[2]。この論文が発表まもなく世界中で大反響を呼び、賛否両論が百花繚乱のごとく繰り広げられたのも頷けるところである[3]。ここでその論評や批判のいちいちを検討することは、紙幅の制約上できないし、またわれわれの目下の関心でもない。われわれのここでの関心は、歴史理解一般にとっての、特に後述するラインホールド・ニーバーの歴史解釈との関連における、フクヤマの基本的テーゼの意義である。幸いフクヤマは、その後『歴史の終わりと最後の人間』*The End of History and the Last Man*という大著を上梓し、そのなかでかつて論文「歴史は終ったのか？」においてアジェンダ的に述べた自己のテーゼを、より十全な仕方で展開しているので、われわれはいまではより確かな基盤の上に立って彼のテーゼを検証することができる。(4)

論文「歴史は終ったのか？」において最も人々を当惑させ、また誤解を招いた一番の点は、フクヤマの「歴史」という言葉の使い方にあったと言うことができよう。注意深い読者には、雑誌論文においてもすでに明らかだったことであるが、新著においてフクヤマは、自分の「歴史」という言葉の使い方が通常の意味とは異なりきわめて特殊的であることに、特別な注意を促している。すなわち、彼が「歴史の終わり」というときの「歴史」とは、「唯一の一貫した進歩のプロセス」(a single, coherent, evolutionary process) という意味であり、事件や出来事の継起ないしそれらの発生の場としての歴史ではないということである。したがって「歴史の終わり」ということが主張されたその後に、ベルリンの壁の崩壊や天安門事件やイラクによるクウェート侵攻という深刻な〈歴史的〉大事件が次々起こったからといって、そのことによって「歴史」が継続している証拠にはならず、かくして自説の決定的な反証とはならない、とフクヤマは言う。(5) 実際、フクヤマは先の論文において、この点についてはっきりと次のように述べている。「……歴史の終わりとは、すなわち、人類のイデオロギー上の進歩の終点 (the end point of mankind's ideological evolution) のことであり、人類の統治の最終形態としての西洋的なリベラルな民主主義の普遍化のことである。[したがって] このことは、『フォーリン・アフェアーズ』誌の国際関係に関する年次報告書の頁を満たすような出来事がもはや起こらないであろうということではない。なぜならリベラリズムの勝利は主として観念ないし意識の領域において起こったのであり、現実の物質的世界においてはいまだ不完全だからである。しかし長い目でみれば、物質的な世界を支配するのは理念である、と信じるための有力な根拠が存在する」[6]、と。すなわち、フクヤマによれば、歴史の歩みは単に科学や経済の進歩によって理解され得るものではなく、歴史にはより根本的な別の動因がある。歴史の展開とともに、人間理性はようやく次のことを理解するにいたった。それは、各個人が有しているただ一つの理性的な願望は一個の自律的人格として承認されることである。つまり「承認のための闘争」というあのヘーゲル的原理こそ歴史の真の動因であり、かかる原理はあらゆる部分における相互承認を要求せざるを得ない。しかし「リベラルな民主主義」(liberal democracy) の諸価値と諸制度の勝利によって、その目標は達成されたのであり、したがって理性ならびに歴史はその目標地点に到達した、というのである。

（2）アレクサンドル・コジェーヴのヘーゲル解釈

ここからわかるように、フクヤマが「歴史の終わり」という場合の「歴史」には、きわめて特有の意味が込められている。それは普通一般に言われる意味での歴史ではなく、「唯一の一貫した進歩のプロセス」としての「歴史」であり、そしてかかる「歴史」が終焉したと見なしうる根拠は何かといえば、上で示唆したように、それはまさにヘーゲル哲学の特殊な歴史理論に存している。つまり「歴史の終わり」のテーゼに関しては、フクヤマは全面的にヘーゲルに――あるいはより正確に言えば、アレクサンドル・コジェーヴ流に解釈されたヘーゲルに――依存している。というのは、コジェーヴは一九三三年から一九三九年にかけてパリの高等研究院(エコール・プラティク・デ・ゾウト・ゼテュード)において行なった、ヘーゲルの『精神現象学』についての註釈的読解的な講義において、自己意識の発生に関する『精神現象学』におけるヘーゲルの議論を、「欲望の弁証法」という視点から捉え直し、おおよそ以下のような解釈を提示しているからである。[7]

（コジェーヴが解釈したところの）ヘーゲルによれば、自己意識（Selbstbewußtsein）が存在するためには、欲望（Begierde）が非自然的な対象、所与の実在を超えた何物かに向かう必要がある。ところで、この所与の実在するものを超える唯一のものは、欲望それ自身である。なぜならば、充足される以前の欲望は、実は開示された無にすぎず、非実在的な空虚でしかないからである。このように欲望が空虚を開示するものである以上、それは所与の実在する存在者とは本質的に異なったものである。したがって、欲望として捉えられた他者の欲望に向かうこの欲望は、己れ自身を充足せしめる否定的かつ同化的な行動により、動物的自我とは本質的に異なった自我を創り出すのである。この自我は自我自身が創り出すものであり、その存在自体において目指された生成、欲せられた発展、意識的かつ意志的な進歩である。その限りでこの自我は、（所与の実在するものに対しては）自由であり、（自己自身との関係においては）歴史的な人間的個体である。

人間的欲望は他者の欲望に向かわなければならない。人間は自己の人間的欲望を充足させるためには、人間としての自己の尊厳を他者に承認させなければならないが、そのためには、究極的には、自己の生命を危険に晒し、それによって自己が人間であることを証明する必要がある。このように、尊厳をもつ人間として認められたいという欲望（これこそが人間的欲望の本質である）は、歴史の出発点にいた人間を、威信を求める「生死を賭しての闘争」（Kampf auf Leben und Tod）へと駆り立て、そしてこの闘争において人間社会は、勇敢に自分の生命を危険に晒す主君の階級（Herrschaft）と、死への本能的な恐怖に屈した奴隷の階級（Knechtschaft）とに二分されたのである。

かくして生じた主従関係は、多種多様な形式の不平等を内包する貴族制社会を生み出すが、この社会は結局は主君と奴隷どちらの側の「承認への欲望」も充たしはしない。なぜならば、奴隷は主君によってその人間的な実在性と尊厳とを承認されていないし、他方主君の方も、自分ではその人間性と尊厳を承認しない人間によって承認されているわけで、そのような承認は、所詮、彼にとっては無価値な承認だからである（本当の承認というのは、承認するに相応しい者として自分が承認する者によって承認される承認、つまり「相互承認」でなければならない）。いずれにせよ、貴族制社会における主と奴の関係は本来の承認関係ではなく、かかる承認の欠陥から発生する「矛盾」が、歴史のその後の弁証法的発展を生み出すことになる。

ところが、アメリカの独立革命とフランス革命は、かつての奴隷を主君に変え、主権在民や法の支配という原理を確立することによって、主君と奴隷の区別を一掃したのである。つまり主君と奴隷という本質的に不平等な承認の形態は、普遍的かつ相互的な承認によって取って代わられた。そこではすべての市民がお互いの人間性と尊厳を認め合い、またさまざまな権利の賦与を通じて、国家からもその尊厳を認められるに至ったのである。

『精神現象学』におけるヘーゲルの言説をこのように解釈しつつ、コジェーヴは以下のような歴史理解を提示する。すなわち、主と奴との出現に帰着する最初の闘争とともに、人間が生まれ、歴史が始まったのである。そして爾後の世界史は、主と奴との相互交渉の歴史である。そうである以上、歴史は主たることと奴たることとの間の相違・対立が消失するとき、すなわち、もはや奴をもたぬために主が主であることをやめるとき、そしてもはや主をもたぬために奴が奴であることをやめ——さらには——もはや奴がいない以上新たに主にもならぬとき、歴史は停止する。ところで、ヘーゲルによれば、ナポレオン戦争——とりわけ一八〇六年のイエナの戦い——において、主と奴との矛盾対立は弁証法的に止揚されたのであり、かくして創り出された「普遍的で等質的な国家」によって、歴史は仕上がったのである。つまり歴史は終わりを迎えたのである、と。

（3）ヘーゲルの「歴史哲学」

フクヤマの「歴史の終焉」論は、以上に要約したようなコジェーヴのヘーゲル解釈をほぼそのままの仕方で受け容れ、このヘーゲル＝コジェーヴ的な歴史哲学の枠組みの中で自己の理論構築を行なっている。ただコジェーヴよりもより突っ込んで論じている点があるとすれば、「承認（認知）を求める闘争」という歴史観を補強するために、『国家』第四巻四三五C―四四二Dにおけるプラトンの魂の三部分説――すなわち、プラトンはそこで、人間の魂には「欲望」、「理性」、そして「気概」（thymos）の三つの部分があると述べている――を援用しつつ、「優越願望」（megalothymia）と「対等願望」（isothymia）という新語を鋳造して、歴史の弁証法的な発展により生き生きとした表現と彫琢を与えていることである。(8) したがって、「歴史の終わり」に関するフクヤマの議論は、コジェーヴの解釈がはたしてヘーゲル解釈として正当であるかどうか、さらには、そもそもヘーゲルの「歴史哲学」が、歴史の本質と世界史の現実的動向に照らして、いまもなお有効性をもつかどうかということにひとえにかかっている、と言ってよいであろう。

われわれはすでに、『精神現象学』の注解という仕方でコジェーヴが抽出ないし構築してみせた、ヘーゲルの「歴史哲学」について考察したのであるが、それはあくまでコジェーヴの特殊なプリズムを通して見たヘーゲルであって、ヘーゲルの歴史哲学それ自体ではなかった。後者を把握するためには、やはりヘーゲルの歴史哲学的諸著作、特に『歴史哲学』を考察する必要があるであろう。

ヘーゲルは『歴史哲学』の序論において、歴史考察を（a）根本的歴史〔資料的歴史〕(die ursprüngliche Geschichte)（b）反省的歴史（die reflektierende Geschichte）（c）哲学的歴史（die philosophische Geschichte）の三種類に分類し、「歴史哲学」がこのうちの第三の範疇に属するものであることをまず明らかにする。第一のものは、歴史家本人が自分で現に見、また自分自身も一役を買ったところの行為、事件、情勢を叙述したものであり、第二のものは、長い時代や世界史全体の概観がそうであるように、その叙述が記述者自身の見聞や体験に限局されず、歴史家自身の精神における反省と抽象化によって史料に生気が吹き込まれ、歴史に意味連関が与えられているような歴史のことである。ヘーゲルは決してこれら二つの歴史の価値を軽視するものではない。むしろ彼は、諸国民の実質的な歴史や精神を学ぶためには、こうした本来的意味での歴史家たちのもとに留まるべきである、とさえ説いている。しかしなぜヘーゲルがこの歴史家本来の立場と観点に留まらず、それを超えてさらに第三のものにまで前進したかというと、それは彼が前二者の歴史には「理性の目」(das Auge der Vernunft) が欠けていると考えたからである。すなわちヘーゲルによれば、自然の世界に法則と理性が支配していることは一般の承認するところであるが、歴史の世界もまた理性によって支配されており、したがって世界史においても一切は理性的に行なわれてきたのである。したがって歴史哲学は、一見偶然かつ無規則と思われる歴史的事象の連鎖のなかに、あるいは民族や個人の幸福が犠牲に供せられる「屠殺台」ともいうべき世界史の悪の背後に、理性ないし精神の働きを見抜き、それを証明しなければならない。その意味では、歴史哲学は一種の「神義論」(Theodizee) である、とも言われる。ところで精神の本質は自由である。自由が精神の唯一の真理であるということは、思弁哲学の認識の成果であるといってよい。世界史は、精神がその本質である自由の意識を内実とする原理を、自ら実現していく過程である。それゆえ、「世界史とは自由の意識の進歩を意味するのであって、――この進歩をその必然性において認識すること[9]」こそ、歴史哲学の任務なのである。

以上のような観点に立って歴史を考察した場合、ヘーゲルによれば、世界史は大きく三つの発展段階に区分される。すなわち、第一の段階は、精神が自然性の中に没入した状態であり、第二の段階は、精神が限定的な自由の意識へ進展した状態であり、そして第三の段階は、精神が自己自身へと立ち帰り、完全な自由へと高揚した状態である。ここからヘーゲルは、以下のような有名な世界史の区分を導き出す。「世界史は東から西に向かって進む。というのは、ヨーロッパこそ実に世界史の終結であり、アジアはその端緒だからである。……外なる自然の太陽は東から昇り、西に没する。しかしその代わりに、自意識という内なる太陽は西に立ち現れて、それよりもずっと輝かしい光を放つ。世界史は自制のない自然的な意志を普遍的なものと主観的自由とに訓育するものである。東洋はただ一人の者（Einer）が自由であることを知っていたのみであり、またいまも依然としてそうである。これに対してギリシアとローマの世界は若干の者（Einige）が自由であることを、ゲルマンの世界はすべての者（Alle）が自由であることを知っている」[10]。

（4）歴史的世界観は終息したのか？

以上においてわれわれは、フクヤマの「歴史の終焉」論の妥当性を検証するために、彼が拠り所としたコジェーヴ並びにヘーゲルの歴史理解の基本的特徴を概観してきたのであるが、「歴史の終わり」という主題に関して言えば、ヘーゲルが彼の生きていた時代とその世界を「歴史の最後の段階」（das letzte Stadium der Geschichte）に属するものと捉えていたことは間違いないであろう[11]。しかしそのことは、果たしてコジェーヴが言うように（そしてフクヤマがコジェーヴを鵜呑みにして主張するように）、「歴史の終わり」を意味するのであろうか。コジェーヴのヘーゲル解釈の核心は、ヘーゲルは世界史が一八〇六年（イエナの会戦）の時点で終末を迎えたと確信していた、との主張である。ヘーゲルの方法は決して弁証法的ではない、彼は歴史の経過のうちに完成された弁証法を観察し、それを記述することに満足した、絶対的真理を言い表わすには、それを生み出した弁証法を記述することで十分であった、云々というような、通常とは異なるコジェーヴのヘーゲル解釈も、そのような主張に基礎を有している。しかし、フランス革命から生まれた自由と平等の原理が、いわゆる「普遍的で均質的な国家」に体現されているという事実によって、人間のイデオロギー的発展がこれ以上進み得ない地点、つまり「歴史の終わり」にまで達したことが証明されるという主張は、どう見てもヘーゲル自身のものというよりは解釈者コジェーヴの創見である。[12]

ところがフクヤマは、「ヘーゲルもマルクスも、人間社会の進化ははてしなく続くわけではなく、人類がそのもっとも深く根本的なあこがれを満たすような社会形態を実現したとき終わりを迎えるだろう、と信じていた。つまり二人とも、一つの『歴史の終わり』を事実として想定していたのだ。ヘーゲルにとってそれは自由主義国家であり、マルクスにとってそれは共産主義社会であった。もちろんそれは、人が生まれ、生活し、死ぬという自然なサイクルの終わりを指すのではないし、もはや重大な事件は起こらないとか、そんな事件を報じる新聞が発行されなくなるとかいう意味でもない。というよりむしろ、真の大問題はすべて解決されてしまったために、歴史の根底をなす諸原理や諸制度にはもはや進歩も発展もなくなるということなのである……[13]」と述べて、あたかもヘーゲルが「歴史の終わり」を説いたかのような印象を読者に与える。[14]

だが、「歴史の終わり」という概念が、ヘーゲルのオリジナルなものであるのか、それともコジェーヴの翻案かということは、実はわれわれにとってそれほど本質的な問題ではない。問題はむしろ、フクヤマの議論の大前提となっている（その限りではそれに対する自覚的・批判的な対象化がなされていない）ところの、歴史の有意味性や進歩や目的に対する西洋的な信仰そのものが、人類のこれまでの歴史体験と現代の世界状況に照らしてみて、果たしてなお有効性をもつものであるのか、それともわが国の一部の識者たちが主張するように、フクヤマのいう「歴史の終わり」は、むしろ人間世界や歴史発展に不当な価値を置いた、「西欧精神」ないし「歴史的世界観」そのものの終焉を意味するものであり、かえって「自然的世界観」ないし「自然との共生」という思想へと立ち帰ることを要請し、またそのような「自然への復帰」を正当化するものであるのか、ということである。[15]

さらにもう一つの検討を要する点は、フクヤマの楽観主義的な歴史観の根底には、一体どのような人間観・世界観が潜んでいるのか、特に彼が宗教的問題をどのように考えているか、という問題である。ヘーゲルは自らの『歴史哲学』講義を終えるにあたって、次のようなことばでそれを結んでいる。すなわち、「世界史とは目まぐるしく変転する歴史の舞台の中で演ぜられる以上のような精神の道行であり、精神の現実的な生成であるということ、――これこそ真の神義論であり、歴史の中で神の義を証しすることである。過去に起こったこと、また日々起こっていることは神なしにはあり得ないどころか、むしろ本質的に神の業そのものだという洞察のみが、精神を世界史および現実界と宥和させることができるのである」[16]。ここでヘーゲルが持ち出してくる「神」という言葉を、単なるレトリックと解釈するのか、それとも本質的重要性をもったものと受け取るかは、ヘーゲル哲学全体の解釈に関わってくる大きな問題であると思われるが、フクヤマの場合には、論文「歴史は終ったのか？」においても大著『歴史の終わりと最後の人間』においても、不思議と「神」や「神義論」(Theodizee) に関する議論がすっぽり脱け落ちている。果たしてこのような欠落は、フクヤマの歴史理解の中に潜む或る重大な欠陥を暗示してはいないであろうか。

いずれにせよ、この問題はわれわれをより深いところへと導いていく。すなわち歴史理解の問題との関わりにおける、人間の「深みの次元」(the dimension of depth)[17] の問題である。われわれは以下においてこの問題を、カール・レーヴィットとラインホールド・ニーバーといういわば対照的な二人の思想家[18]を例に取って、考察してみようと思う。この二人を取り上げるのは、決してわたし自身の単なる恣意的選択に基づくのではなく、問題としている事柄そのものに深く根ざしている。その詳しい理由は、以下の論述においておのずと明らかになるであろう。

2　カール・レーヴィットにおける歴史の廃棄

(1) レーヴィットにおける「歴史の終わり」の宣告

カール・レーヴィットは数奇な運命を辿った哲学者で、ナチズムの擡頭によって母国ドイツを追われ、イタリア、日本、アメリカと遍歴を重ねながら地球を東回りに一周して、フクヤマが生まれたその年(一九五二年)に、ヤスパースの後任としてハイデルベルク大学の哲学科正教授に迎えられ、母国に帰還した人である。わが国には一九三六年十一月に来朝し、一九四一年二月まで東北帝国大学文学部において教鞭を取ったので、わが国にはその謦咳に接したひとも少なからず、そのためか著書の大半も邦訳されており、その意味ではわが国においてはかなりポピュラーな哲学者である。

レーヴィットは「二十世紀のドイツ哲学における特異な存在[19]」であるが、恩師ハイデッガーとの高度の緊張を孕んだ師弟関係が、彼の生涯の思索の歩みを決定的に規定していることはほぼ間違いない[20]。キリスト教的伝統や近代の歴史哲学に対する彼の痛切な批判も、逆にニーチェ哲学に対するきわめて高い彼の評価も、いずれもその背後に、隠れた対話(対決)者としてのハイデッガーの存在を想定することなしには、その思想の深さにおいては十分には理解できないであろうし、したがって、そのような関係を考慮に入れない解釈は、レーヴィット哲学の解釈としてはおそらく皮相なものに堕してしまうであろう。しかしそのことを十分承知しながらも、以下においてわれわれは、ハイデッガーの哲学との関わりという問題を一応括弧にくくった形で、「歴史哲学」の可能性に対してレーヴィットが提起している根本的問題を考察してみようと思う。

レーヴィットは、仙台にて脱稿した大著『ヘーゲルからニーチェへ』の序文において、「存在と歴史の《意味》とは、一般に歴史そのものから決定されるのか、もしそうでないとすれば、いったい何によって決定されるのか」[21]という問題を提起した。そして彼は、ちょうど十年後に第三の亡命地アメリカで、『歴史の意味』*Meaning in History* という書物を著して、自ら立てたこの問いに対してひとつの答を与えた。この書物はブルクハルト、マルクス、ヘーゲル、プルードン、コント、コンドルセ、テュルゴー、ヴォルテール、ヴィコ、ボシュエ、ヨアキム、アウグスティヌス、オロシウス、聖書という順に、歴史哲学の系譜を歴史的に遡って追跡し、「歴史哲学が聖書の［終末論的な］歴史神学から生まれた」ことを示すことによって、「歴史の哲学というものはありえない」ということを証明しようという、「ある批判的な意図」をもったものであった[22]。しかしこの書物におけるレーヴィットの語り口は、ある事情から（おそらく意図的に）、穏健かつ両義的なものであり、内に秘められた著者の主張の過激さを覆い隠す結果となっていた[23]。そのためか、一般にアメリカの読者は（次節で扱うニーバーもおそらく含めて）、著者の真意を「実定的キリスト教的に誤解」し、むしろ歴史哲学の歴史的系譜をキリスト教の立場から叙述した格好の解説書として歓迎したのであった。しかし、レーヴィットが一九五二年故国ドイツに帰って、その書のドイツ語版を『世界史と救済の出来事』*Weltgeschichte und Heilsgeschehen* という「より適切な表題」[24]のもとに出版するに至って、この書の反キリスト教的性格はもはや疑問の余地のないものとなる。なぜなら彼は、「懐疑者と信仰者とは歴史と歴史の意味の安易な読み方に反対するという共通目的をもつ」（英語版序文）という、哲学的懐疑と並んで信仰的立場を容認するような曖昧な表現を捨て去り、その代わりに、その「はしがき」にはっきりと次のように宣言したからである。すなわち、「この書の本当の関心は、十年まえにわたしが立てた問い、つまり、『存在と歴史の《意味》

とは、一般に歴史そのものから決定されるのか、もしそうでないとすれば、いったい何によって決定されるのか』という問いに対して、ひとつの答を見いだそうと試みることにある。われわれの歴史哲学的な思考の神学的意味が証明されることにより、結局においてわれわれは、たんに歴史的な思考の一切を超えたところへと導かれてゆく[25]」。

要するに、レーヴィットによれば、歴史の本質と意味とに関する議論（つまり歴史哲学）が、その起源をヘブライ・キリスト教的な終末論的《信仰》にもっているのであれば、歴史哲学は《哲学》としては不可能な営みとなり（なぜなら哲学は「懐疑的な探求」ないし「探求的な懐疑」に基づくものだからである[26]）、またそのような議論においてつねに前提されている、「ひとつの歴史的世界という概念が疑わしいものとなる[27]」のである。このように、英語版の表題が読者に与える印象とは正反対に、その書でレーヴィットが言わんとしていることは、そもそも歴史には意味など存在しないということであり、ヘブライ・キリスト教的な神を信じる信仰に立たない人間にとって、歴史の無意味性に直面してなし得ることは、ただ「成熟せる諦念」（mature resignation）をもって耐えることだけである、という主張なのである。ハーバーマスはこのようなレーヴィットの立場を「歴史意識からのストア的退却」（ein stoischer Rückzug vom historischen Bewußtsein）[28]と名づけて手厳しく批判しているが、いずれにせよこれは、フクヤマの場合とは違う意味での、一種の「歴史の終わり」の主張であり、しかもフクヤマの「歴史の終わり」に関する議論がいまだに脱却できず、むしろそれを典型的に例証している西洋的な歴史的世界観に対する、非常に根源的な批判としての「歴史の終わり」の宣告なのである。

（2）歴史からコスモスへの復帰

先にわれわれは、レーヴィットがキリスト教の影響を受けた歴史的ないし歴史哲学的な思考を超えたところへわれわれを導こうとしているのを見た。それでは、その「たんに歴史的な思考の一切を超えたところ」とは一体どこか。それは「本性上おのずから存在しているものの唯一の全体」(das Eine und Ganze des von Natur aus Seienden) としての世界、わかり易く言えば、ギリシア的に理解された「自然的コスモス」の世界である。レーヴィットの著作の大半は、多かれ少なかれこの点について触れているが、それをもっとも主題的に扱っているのはおそらく『世界と世界史』という書物であろう。[29] しかしレーヴィットのテーゼをさらに圧縮して実に簡にして要を得ているのは、バイエルン放送のラジオ番組での講演に基づく、「歴史の意味について」という論文であろう。[30] そこで以下においては、主としてこれら二つの著述に依拠しながら、レーヴィットのテーゼをもう少し詳しく検討してみようと思う。

レーヴィットはまずコスモスについてこう定義する。すなわち、「〈世界〉という語は、その本来の意味から言えば、おのずから〈自然の中から〉存在する一切のもの、すなわち人間およびその世界——それをわれわれは意味を強めて、〈世界史〉と呼ぶ——をも包括する」[31]。ギリシア人にとってコスモスは、旧約聖書の創世記にあるような、世界の外に超越している神によって創造された世界、神の被造物としての天地と同一ではなく、常在的でそれ自体神的であるところの、おのずから存在する一切の一にして全なるものであり、すべてを支配し、すべてを包括し、すべてを基礎づけるものである。ギリシアの思想家たちにとって驚嘆すべきことは、「およそ世界が有るのであって無いのではないという事実……ではなく、この、いつも常に在り、非常に古く、永遠に若い自然界が、現に在るが如く在るということ、すなわち見事に秩序づけられていて、コスモス的であってカオス的ではないという事実である」[32]。それゆえこのコスモス的自然の世界、「おのずから存在するものの神的な、永遠の全体」こそ、哲学の本来のテーマなのである。

このコスモスに比すれば、歴史の世界は偶然性が支配するまことにはかなく空しい領域である。古典古代の哲学者たちは歴史をテーマにしなかったし、世界史の意味を問うことをしなかった。それは一度だけ偶然に生起するもの、変化するものについては、報告かヒストーリエがあり得るだけで、真の認識（エピステーメ）はあり得ない、と彼らが考えたからである。東洋を制覇して世界帝国を築いたアレクサンダー大王の師であったアリストテレスさえ、その他のすべての事柄について考究しているのに、歴史についてはひとつの論文も書いていない。ヘーゲルが馬上のナポレオンの雄姿に世界史の「世界精神」を見たように、アリストテレスもアレクサンダーにそれを見たと考えるのは馬鹿げている。いずれにせよ、ギリシア人たちには世界史的思考が欠如していた。しかしだからといって彼らがまだ歴史の何たるかを知らなかった、と考えるのは正しくない。というのはギリシアの歴史家たちは大きな歴史的事件をめぐる歴史的諸事実を調査し報告しているからである。キリスト教の成立以後、教父たちがまずユダヤ教の預言とキリスト教の終末論をもとに、天地創造から最後の審判と救済にいたる歴史の神学を展開したが、その後近代になってはじめて人々は、このキリスト教の歴史の神学を世俗化して、歴史の哲学なる「一つの背理」を考案したのである。かくしてレーヴィットは次のように宣言する。

「〈世界史〉というのは、文字通りにとれば、間違った概念である。なぜなら世界を包括するもの、あるいは普遍的なものは、本性（自然）からなる世界だけであり、その世界のなかでわれわれの歴史的な人間の世界は一時的なかりそめのものである。歴史的な人間の世界は、世界全体のなかでは、たとえば天から墜落して海に沈み、一本の足だけがまだ見えているブリューゲルのイカロスの絵に見られるように、姿を消してしまう。水平線には太陽が見え、岸辺には漁夫がうずくまり、陸では羊飼いが羊の番をし、農夫が大地を耕している、あたかも天と地の間には何ごとも起こらなかったように。

世界の歴史は人間とともに立ち、また倒れる――世界そのものはわれわれなくしてもありうる。世界は人間を超えたものであり、絶対的に自立的である[33]」。

以上に述べたことから推定されるように、レーヴィットはヘーゲルやマルクスに代表される近代の歴史哲学的試みを、原理的に不可能なるがゆえに悉く不毛なものとして却ける。のみならず彼は、西洋形而上学による存在忘却を鋭く批判するハイデッガーの存在史的思惟のなかにすら、キリスト教的刻印を受けた歴史哲学的思惟の根強い残滓を見いだし、恩師に対して容赦ない批判を浴びせている[34]。このようなレーヴィットのヘーゲル批判やハイデッガー批判が、専門家の立場から見てどの程度妥当なものかはわからないが、いずれにせよレーヴィットは、独特の仕方で、歴史的世界から自然的世界（同一物の永遠回帰の世界）への復帰を唱えるのである。ところで、そのようなレーヴィットの「自然への復帰」の思想に、彼の滞日経験がなにがしかの影を落としているのを見いだすのは、われわれ日本人としてはまことに興味深いことである。

（3）レーヴィットと日本

最初に述べたように、レーヴィットは四年半近くわが国に滞在したのであるが、その間の見聞や体験が彼の思想形成にどのような影響を与えたのか、一考に値する事柄であろうと思われる。ただこの点に関して、滞日経験をあまりにも過大評価することは、厳に慎まれるべきであろう。なぜならレーヴィットは、自分の思索の歩みを回顧した文章の中で、「別の考えをする人びとの住んでいるいくつかの異国へのこの亡命が、そもそも歴史の運命が、一人の大人また一つの民族の本質を変えることがどれほどわずかしかできないか、ということ、これはやっとあとからわたしに明らかになりました[35]」、と述べているからである。にもかかわらず、われわれが無視できないのは、彼が日本の伝統文化から「忘れることのできない印象」を受け取ったことを綴った、以下のような表白である。

「ヨーロッパ人である人の心に訴えるものは、古い日本の近現代化での進行ではもちろんなくて、東洋的伝統が存続していることと土着の神道的な異教徒ぶりとです。わたしは、日本の庶民が自然的で日常的な事物——太陽と月、成長と消滅、春夏秋冬、木、山、川と石、生殖能力と栄養、稲の田植えと家の建築、先祖と皇室——をすべて聖別するのをまのあたりにして、はじめて〔古代〕ギリシア人の宗教的な異教世界と〔古代〕ローマ人の政治的宗教とについてもいくらか理解したのです。〔日本人と古代ヨーロッパ人とに〕共通しているものは、つねにいたるところに存在しているもろもろの超自然的威力にたいする恐れと崇拝とです。こうした諸力は、日本語では〈カミ〉〔＝神ないし上〕と言われ、古代ローマ語では〈スペリ〉（superi）と言われて、語としては同じものを、すなわち、単純に、〈上のほうにあるもの〉を、わたしたち人間の上空にあるものを、意味しています。〔日本では、〕人間の日常生活において超人間的諸力がこのように承認されるにふさわしく、運命、それは地震とか台風とかがきっかけになったのかもしれないし、戦争と爆弾とがきっかけになったのかもしれないが、そうした運命にたいしてとられる自然的姿勢は、無条件の屈従です[36]」。

すなわちレーヴィットは、多くの事柄が「自分たちの長く習慣としたこととは逆をゆくさかさまの世界」たる日本において、キリスト教的ヨーロッパの成立以後失われてしまった自然的世界の現存をまのあたりにし、そこでの人間の自然的な生き方、つまり日常の自然の事物を「神聖視」して、それに対して限りなき畏敬の念を払い、歴史的運命に対しては無条件に屈従する生き方、に強烈な印象を覚えるのであるが、そのような異文化体験（あるいはレーヴィットの場合、むしろ「異教的宗教」体験というべきかもしれない）は、彼にヨーロッパ人がいかに「偏狭な独自性」に生きているかを教え、ヨーロッパ的な歴史的世界観、つまり世界をもっぱら「歴史的世界」と見なすような考え方を相対化させる絶好の機会となったものと思われる[37]。

実際、さきに引用した「歴史の意味について」という論文においても、近代の歴史意識が歴史の進歩・発展とか人類の未来に対していだく根拠なき幻想と比較して、歴史の中に教訓や例証以上の意味を認めなかった、ギリシア・ローマの歴史家たちの「超歴史的な知恵」(überhistorische Weisheit) がいかに卓越しているかを示すひとつのよすがとして、レーヴィットは日本の武将にひとつの範を求めている。すなわち、彼は次のように言う。「第二次世界大戦の勝利による終結の後、カルタゴの破壊の後にスキピオがしたように、われわれが今ベルリンに与えたのと同じ運命はいつかモスクワとワシントンにふりかかるであろうと言明できた現代の政治家を思い浮かべることは困難である。近代の歴史意識は、……この世のすべての事物が生じまた滅することを承認しようとは思わないからである。……日本では古来、指導的な政治家や将軍たちが戦乱の後に仏教の僧院に隠栖する習慣があり、またそれは礼儀にかなったことでもある。それは彼らが後れ馳せに歴史に対して降伏するからではなく、彼らが人間的成熟と洞察によって、はじめからすべての人間的事物の亡ぶべきことを知っているからである[38]」。

それゆえレーヴィットの滞日経験は、彼が亡命以前にドイツで行なったニーチェとブルクハルトとに関する研究[39]を通してすでに獲得していた、歴史哲学的洞察をいっそう強化することになり、のちに彼が「自然的世界」への復帰や「成熟せる諦念」の思想を、独自の哲学的なテーゼとして提唱する上での、すくなくとも重要な触媒の役割を果たしたと言うことができるであろう。

(4) レーヴィットの問題点

それはともあれ、前記のようなレーヴィットのテーゼは、〈歴史哲学〉という「ケンタウルス[40]」と格闘しようとする者にとってはもちろんのこと、およそ歴史的世界観に立脚しようとする者にとって、あるいはさらに、歴史における進歩とか意味とかを語ろうとする者にとって、避けて通れない本質的な問題を提起している。しかしわれわれの立場からして、同時にそこに大きな問題点が存在しないではない。

レーヴィットの基本テーゼは、相互に関係し合っているが区別されるべき二重の命題から構成されている。一つは、〈歴史哲学〉は究極的には信仰の事柄である終末論に起源をもつがゆえに、哲学としては成り立ち得ないものである、という否定的命題であり、もう一つは、哲学の本来の対象は歴史ではなく、一にして全なるコスモスとしての世界である、という肯定的命題である。前者は「世俗化のテーゼ」(Säkularisierungsthese) と言われ、後者は「自然性のテーゼ」とも呼ばれるものであるが、レーヴィットにおいては、両者はいわば表裏一体の関係にある。[41]つまりレーヴィットは、第二のテーゼを積極的に打ち出すために、まずもって、本来キリスト教信仰の事柄であるべき終末論的福音が世俗化されて〈歴史哲学〉が成立したという、第一のテーゼの歴史的証明を試みる。したがってこの歴史的証明は、それ自体としては、否定的・破壊的な意図をもつものであり、第二のテーゼとの関わりでいえば、それは建設のための取り壊し作業であることが判る。実際、彼は次のように述べる。「そこでわれわれの問題は、一つの自然的コスモスを多数の歴史的世界に解消し、つねに同一の人間本性を多様な歴史的実存様式に解消した、この近代的過失がいかにして生じたかということである。この問いは歴史的省察 (eine historische Besinnung) によってのみ答えることができる。だがこの省察は、歴史意識が作り出したいくたの構成を破壊することを目的にするのである」[42]。

しかし歴史意識とそれが作り出したいくたの構成を破壊するために、「歴史的省察」という媒体以外には訴える手段がないというのは、自己矛盾ではなかろうか。レーヴィットは「歴史の運命」のみを信じる近・現代人を揶揄して、「歴史のただ中にあって歴史によってみずからを定位しようとするのは、難破の際に波浪にとりすがろうとするようなものである」と言うが[43]、彼自身がこうした歴史主義の呪縛から完全に自由になっているかどうかは大いに疑問である。これがレーヴィットに対するわれわれの批判の第一点である。

第二に、レーヴィットが証明してみせたように、かりに近代の歴史哲学が救済史的な終末論に起源をもつとしても、だからといって〈歴史哲学〉の市民権を剥奪し、その主張を却下することが正当であろうか。レーヴィットは、「歴史、すなわち〈歴史〉としての〈世界〉、に対する近代の過大評価は、われわれが古代の自然神学とキリスト教の超自然神学とから疎隔したことの結果である」[44]という事実問題を、〈歴史的世界〉並びにそこに基礎をもつ〈歴史哲学〉の権利問題と巧みにすり替えてはいないか。むしろマイヤーが指摘しているように、〈歴史哲学〉の不当性が証明されるのは、それを産みだした母胎たる聖書的終末論が誤りであると証明されることによってのみである[45]、と考えるべきではないのか。したがって、聖書的終末論の誤謬が証明されない限り（しかしそれは信仰の事柄ゆえ証明され得ない）、レーヴィットのように〈歴史的世界〉や〈歴史哲学〉の廃棄にまで一気に突き進むのは、哲学的には勇み足ではないのか。いずれにせよ、〈歴史〉と〈自然〉のどちらがより根源的かつ包括的な世界であるかという問題は、哲学的に証明され得ないものであるならば、結局、レーヴィットによる〈自然的世界〉の選択も哲学的証明の帰結ではなく、一種の実存的決断の事柄なのである。

第三に、もしレーヴィットのように、古代ギリシアのコスモス的な自然の世界に賭けるとしても、はたしてわれわれ現代人がそのような自然の世界に単純に立ち返ることができるであろうか、という疑問が生じる。「近代人が住んでいる歴史的世界という洞窟」[46]を脱け出したいというレーヴィットの気持ちはわからないではないが、ひとたび歴史意識に目覚めた現代人にとって、すなわち「人間とその文化や諸価値に関するわれわれの思惟の根本的歴史化」[47]を経験した現代人にとって、自然への立ち返りは、それ自体がすでに歴史的反省に媒介された行為なのであるから、それは歴史的現実からの幻想的な逃亡、あるいはロマン主義的な反動にならざるを得ない。レーヴィットの立場に対して、「反歴史主義」ないし「逆歴史主義」との批判がなされるのも理由のないことではない[48]。さらにまた百歩譲って、かりにわれわれが首尾好く自然に立ち返ることができたとしても、そこでわれわれが出会う自然は、古代ギリシア人たちが経験した自然とはもはや同一のものではないであろう。なぜなら世界（自然）や人間（人間本性）が自然的に何であるかということには、人間の自己理解も本質的に関与しており、これは歴史的・文化的に異なるものだからである[49]。

以上のことから、われわれは、レーヴィットのように、歴史哲学的な思考の「神学的前提」を否定的に受けとるのではなく、むしろ例えば神学者のパネンベルクなどとともに、歴史的世界観と聖書的現実理解との密接な結びつきを真剣に受けとめ[50]、この歴史哲学的思考の「神学的前提」に立脚しながら歴史の問題を考えるという、「歴史の神学」の可能性について考えてみたい。これはフクヤマが復権させようとするヘーゲル主義的歴史理解とも、またレーヴィット的な「歴史からコスモスへの復帰」とも異なる、歴史理解の第三の可能性である。そこでわれわれの関心を惹くのが、ラインホールド・ニーバーの歴史論である。

3　ラインホールド・ニーバーの歴史論

（1）ニーバーと歴史の問題

フクヤマが衝撃的な論文「歴史は終ったのか?」を公表したちょうど四〇年前、そしてレーヴィットが歴史哲学廃棄の意図を心に秘めつつ『歴史の意味』を世に送ったまさに同じ年、いまやアメリカの神学界のみならず、いわゆる「アングロ・サクソン神学」[51]を代表するにいたった神学者ラインホールド・ニーバーは、『信仰と歴史』*Faith and History*（1949）というアポロジェティックな書物を著述し、近代の楽観主義的な歴史観を痛切に批判すると同時に、聖書的・キリスト教的な歴史観の妥当性を全く独自の仕方で提示してみせた。[52]その書においてニーバーは、西洋における歴史観を（1）「ギリシア古典主義のアプローチ」、（2）「聖書的・キリスト教的アプローチ」、（3）「近代的アプローチ」の三類型に大別している。彼によれば、ギリシア古典主義の歴史観は、歴史を自然の世界と同一視し、人間の不変的理性をこの変転きわまりない世界から解放することに努める。これに対して聖書的・キリスト教的歴史観は、人間の歴史的実存を有意味で神秘的なものと考え、人間の自由が善悪双方の源泉であると見なす。最後に、近代的な歴史観は、人間の力と自由の歴史的発展によって人間的難局が解決され、あらゆる人間的な悪からの解放が実現されると考える。[53]

このような類型化は単純にすぎるきらいがあり、それぞれの類型に属するとされる個々の思想家の微妙な特徴や相違を軽視する傾向があるものの、事態の本筋を大局的に把握するためには有効な手段であろう。[54]それになによりも現在のわれわれにとっては、これまでの議論の中にニーバーを位置づける上で、格好の視点を提供してくれるように思われる。なぜなら、前記のようなパースペクティヴから見ると、第一節で論じたフクヤマは、現代における「近代的アプローチ」の新しい擁護者として、また第二節で扱ったレーヴィットは、「ギリシア古典主義のアプローチ」の復権を叫ぶ代表者として、そしてこの節で考察されるべきニーバーは、「聖書的・キリスト教的アプローチ」の現代における復興者であると見なすことができるからである。

それではニーバーは、いったいどのような歴史理解を展開しているのであろうか。ニーバーは決してはじめからそのような「聖書的・キリスト教的アプローチ」を真剣に受け取ったのではない。敬虔な牧師の家庭に育ち（彼の父はドイツ移民の一世であった)[55]、朝夕聖書に親しんできた彼ではあったが、彼はむしろ若い頃はリベラルなプロテスタント的伝統に立って社会主義運動や平和主義運動などに精力的に取り組んだ。彼の処女作『文明は宗教を必要とするか?』*Does Civilization Need Religion?*(1927)は、トレルチ的な宗教的人格主義に立脚しながら、「現代社会の倫理的再建」を試みたものであるが、そこにはいまだラウシェンブッシュ的なソーシャル・ゴスペルやアメリカ的なリベラリズムが根底に流れている[56]。しかし他方で、自動車産業の発展めざましいデトロイトでの十三年間の牧会生活(一九一五—一九二八)は、彼にリベラリズムの無力さと欠陥を徹底的に思い知らせた[57]。ニーバーがデトロイトで学んだことは、自由主義神学が信奉したものは「個人的ここちよさを保ったり、個人のフラストレーションを柔らげたりすることには役立ったとしても、集団的行為の問題における人間の行動や態度をこれっぽっちも変えなかった[58]」という洞察であり、このような洞察はニーバーを一躍有名にすることになった『道徳的人間と非道徳的社会』*Moral Man and Immoral Society*(1932)へと結晶する[59]。この書はかつてカール・バルトの『ローマ書講解』がヨーロッパの自由主義的プロテスタンティズムに与えたのと同様の、衝撃的かつ致命的な一撃をアメリカの思想界に与えたのであるが、その二年後に書かれた『一時代の終焉に関する省察』*Reflections on the End of an Era*(1934)には、「近代のリベラルな文化は、一つの社会システムの崩壊と新しい社会システムを建設するという課題に直面している困惑した世代に対して、指導と方向性を与えることがまったくできない。わたしの考えでは、適切な精神的指導は、われわれの時代の文化において理解されているよりも、もっとラディカルな政治的方向づけともっと保守的な宗教的確信によってのみ与えられる[60]」、と明言されている。

かくして、リベラリズムの楽観的人間観や歴史観の致命的な欠陥を悟るようになったニーバーは、ニューヨークのユニオン神学大学に助教授として招聘されたのを機に、歴史と現代における人間の実存的・社会的状況を説明するより適切な準拠体系を求めて、西洋の古今の文献を渉猟し、キリスト教的象徴と西洋の文化的伝統とを神学的に捉え直す。その学問的探究の金字塔ともいうべきものが、風雲急を告げるヨーロッパは英国のエディンバラで、一九三九年から翌年にかけて彼が行なったギフォード・レクチュアーであり、またその講義を基礎にして書かれた『人間の本性と定め』*The Nature and Destiny of Man*（1941-1943）という二巻の書物である。[61] しかしこの大著に結晶しているニーバーの人間観と歴史観とを理解する上で見逃せないのは、「キリスト教的歴史解釈に関するエッセイ集」という副題のついた『悲劇を超えて』*Beyond Tragedy*（1937）という書物である。[62] ここには時間と永遠、神と世界、自然と恩寵、といった関係についてのキリスト教の「弁証法的」(dialectical) な考え方が、現代的なセンスのもとに見事に描き出されており、聖書的な世界観に対して「神話」(myth) がもっている永続的意義や、キリスト教的象徴 (Christian symbols) の現代的妥当性が、生き生きとした表現にもたらされている。

（2）神話の象徴的解釈と「歴史の神学」

このようにニーバーは、聖書的神話やキリスト教的象徴を真剣に捉え直すことを通して、新しい神学的歴史解釈の可能性を模索する。その際、こうした聖書的神話やキリスト教的象徴を再解釈するにあたって、彼はまず「原始的神話」(primitive myth) と「永続的神話」(permanent myth) とをはっきり区別する。彼によれば、古代人の非科学的ないし前科学的な思惟を反映している「原始的神話」と違って、「永続的神話」は現実の超科学的な諸局面を扱うものであり、人間実存の垂直的次元ないし「深みの次元」にかかわるものである。[63]「偉大な神話は実際に深遠な経験から生まれたものであり、経験による検証に絶えず服している」[64]。それゆえそれが科学的合理性の範疇にはまりきらないからといって、無碍に却けられるべきではないし、あるいは実存主義哲学の用語に単純に翻訳されるべきでもない。むしろそれは象徴的に（symbolically）解釈されなければならない。

ニーバーによれば、「キリスト教において真実であるところのものは、暫定的・外面的な惑わしをある程度含んでいるような、象徴においてのみ表現されることができる」(65)。なぜならキリスト教の世界観においては、時間的なものと永遠的なものとの間の関係は「弁証法的」（dialectical）なものとして捉えられるのであるが、このような関係は単純に合理的ないし論理的な仕方では表現できず、ただ象徴的な仕方でのみ表現できるからである。それゆえ「聖書的象徴は真剣に（seriously）受け取られなければならないが、字義通りに（literally）捉えてはならない」(66)。もし真剣に受け取られなければ、そのような聖書的神話やキリスト教的象徴の中に含まれている、神と人間と世界とに関する深遠な真理が汲み取られないことになるであろうし、またもし単に字義通りに受け取られると、時間と永遠、歴史と超歴史といった聖書特有の弁証法が破壊されてしまい、文化的蒙昧主義（cultural obscurantism）や道徳的混乱に陥ってしまうであろう。

聖書的神話やキリスト教的象徴についての見直しは、人間の自我と歴史とについての深遠な見方と観点をニーバーにもたらす。『人間の本性と定め』の第一巻において、古典的人間観並びに近代的人間観と比較対照させつつ、独自のキリスト教的人間学を展開したニーバーは、そこでの議論を踏まえて、次に第二巻において、キリスト教的な「歴史の神学」と呼ぶに相応しい卓越した歴史解釈を展開する。ニーバーによれば、人間は自然と自由の交差する地点に立つ両義《アンビギュアス》的な存在である。人間は自然と時間の流転に巻き込まれていながら、しかも自然の流転を超越する自由を所有している。この人間固有の超越能力が歴史認識を可能ならしめるとともに、人間を歴史形成者たらしめるのである。かくして人間の歴史は、自然のプロセスに根ざしているとしても単なる自然的な因果の連鎖以上のものであり、いわば「自然的必然性と人間的自由との合成」である(67)。

かかる人間の超越能力をどのように評価するかによって、歴史に対する種々の文化の態度に大きな差異が生じてくる。ニーバーによれば、「歴史に対する種々な文化の態度における相違は、最終的には自己自身をも超越する人間の超越性も含めて、歴史的プロセスを超越する人間の超越性についての相矛盾する評価によって決定される」[68]。そこからして彼は、「歴史的」(historical) な宗教・文化と「非歴史的」(non-historical) な宗教・文化とを区別する。「歴史的な宗教・文化と非歴史的な宗教・文化との間の区別は、このように簡潔に、メシア (a Christ) を待望するそれと、メシアを待望しないそれとの間の相違として定義され得るであろう。歴史が潜在的に有意味ではあるが依然としてそれの意味の完全な開示と成就とを待っていると見なされるところでは、どこでもメシアが待望される。歴史の意味の超越的啓示が可能であるとも必要であるとも見なされないような仕方で、生の意味が自然ないし超自然の立場から説明されるところでは、どこでもメシアは待望されない」[69]。このようなメシアの意義は、彼が神的な目的を開示し、歴史の中で歴史を支配するところにある。かくしてニーバーによれば、非歴史的な宗教・文化は非メシア的 (non-Messianic) であるのに対して、歴史的な宗教・文化は本質的に預言者的・メシア的 (prophetic-Messianic) であり、不可避的にメシアニズム (Messianism) を生み出す。

ところで、このように世界の文化をメシア待望の有無によって解釈することは、メシア的待望がイエス・キリストにおいて逆説的に成就されたと信じるキリスト教信仰の立場においてはじめて可能である。その意味で、ニーバー自身もはっきり認めているように、彼の歴史解釈は「キリスト教的諸前提」に立脚する歴史解釈であり、その限りでは「ドグマティック」であり「信仰告白的」(confessional) な性格をもつ[70]。しかしおよそ「解釈というものは、それぞれ特定の意味の枠組み (specific frames of meaning) によって生命を与えられる」[71]ものである以上、諸事実の解釈も一定のパースペクティヴと意味の枠組みに規定されており、その限りでは「特定の前提をもたないような歴史解釈は存在しない[72]」のである。

ニーバーによれば、究極的には「歴史哲学」は不可能である。なぜなら「歴史の意味は、……最も深遠な歴史哲学において考えられたよりもより複雑である[73]」からである。むしろ「二律背反と神秘とについての深遠な考察は、人間の生と歴史は信仰によって見分けられる神秘と意味のより広い領域の枠内においてのみ理解可能なものになる、ということを暗示している[74]」。かくして歴史的事象とその意味を合理的な理解可能性の形式へと還元しようとする「歴史哲学」ではなく、「生と歴史を《意味あるものたらしめる》キリスト教的な歴史の神学」(a Christian theology of history … [which] "makes sense" out of life and history)[75]が要請されることになる。

（3） 神の主権と普遍史

創造主なる神が歴史的運命の主権者であるという聖書的観念は、それ自体としては決してユニークなものではない。しかし神が国家や個人の理想と目的の投影 (projection) や拡張 (extension) として考えられていないという事実は、聖書的観念に独特の特質を与える。「イスラエルが神を選ぶのではない。神がイスラエルを選ぶのである[76]」。神は「友として知られる以前に、《敵》として経験されなければならない[77]」。神のこの根本的他者性(radical otherness)がイスラエルの選びを恩寵の行為にする。ここにニーバーは、人間の文化史における根本的断絶 (radical break) を看て取る。

「恩寵の行為としての神のイスラエルの選び（なぜならイスラエルはその選びに値する力や徳をもっていなかったから）という観念は、文化史における根本的断絶を表している。それは純粋な意味で啓示の開始である。なぜならば、ここにおいて国家は真の神を理解し、また国家はそれ自身が考案した神的な被造物によってではなく、真の神によって理解されるからである。神の尊厳の純粋性と神の神性との証拠は、神が国家や個人に出会うのは、国家や個人自体の力や目的の拡張としてではなく、それの限界としてであるという事実によって証明される。神は人間の有限性という限界を越えるあらゆる人間的な装いの敵であり審判者である」[78]。

ここには聖書的な歴史理解にとって基本的なふたつの観念が暗示されている。ひとつは普遍史(universal history)の観念であり、もうひとつは歴史の複雑さ（complexity of history）の観念である。

ニーバーによれば、「普遍史の観念は、あらゆる歴史的運命をおおっている神の主権がいかなる人々の所有でもなく、あるいは特定の歴史的権力の拡張でもない、という事実によって生じる」[79]。彼はイスラエル民族が神の審判のもとに徹底的に相対化せしめられた結果、普遍史（世界史）の意識が成立したと考える。そして普遍史に関する最初の明示的な説明を最初の偉大な記述預言者アモスの審判の言葉の中に見いだす。

「『イスラエルの子らよ、あなたがたはわたしにとってエチオピアびとのようではないか、とヤハウェは言われる。わたしはイスラエルをエジプトの国から、ペリシテびとをカフトルから、スリヤびとをキルから導き上ったではないか』というアモスの言葉は、正当にも人間の文化における普遍史の最初の把握であると見なされてきた。ここでは歴史は国家のパースペクティヴから見られているのではなく、普遍的全体として見られている。そして神はあらゆる国民の主権者であると見なされている」[80]。

次に、歴史の複雑さは、「歴史が神の主権に反抗し、自分の力や徳、知恵や深慮によって自分自身を神として打ち立てようとする、人間の傲慢かつ欺瞞的な努力で満たされている」[81]ことに起因する。歴史は神がその上に主権を行使する領域であるのみならず、それ自身の運命を人間の運命全体の誤った中心にしようとする努力によって神の主権を否定しようとする、人間の普遍的傾向性が横溢している領域でもある。それゆえ、神のイスラエルに対する関係は、神の主権のみならず、人間の罪の深淵と普遍性をも開示する。

人間ノ相ノ下ニ（sub specie hominis）見られる歴史は、過失と罪責とから逃れるために自らの力によって、自然と時間の世界における諸々の力を支配しようとする人間の死にものぐるいの努力の記録であり、永遠ノ相ノ下ニ（sub specie aeternitatis）見られる歴史は、正義と憐れみとにおいて人間の罪とそれによって引き起こされる混乱とを克服する神の愛の啓示の記録である。歴史は「神ノ摂理ト人間ノ混乱ニヨッテ」（providentia dei et confusione hominum）支配されている。[82] 歴史のドラマは、「本質的に、歴史の内における善勢力と悪勢力との間の闘いではなく、むしろすべての人間と神との間の闘いである」。[83] ここから歴史のなかに無意味性と曖昧さが導き入れられる。「もし歴史のドラマの型に意味があるとしても、それは歴史の秩序の中に混乱という種を蒔き、歴史の最終的目的を曖昧なものとするこの人間の反逆に抗して（against）成就されなければならない」。[84] かくして歴史の複雑さは、歴史の意味というより根本的な問題へとわれわれを導く。

（4）歴史の意味とメシアニズム

歴史を「潜在的に有意味」（potentially meaningful）と見なす「歴史的」な宗教・文化は、生と歴史の完全な意味が開示され成就されるであろう一点を将来に待望するようになる。つまりメシア待望的（Messianic）になり、必然的に、苦悩に充ちた歴史的現実からの前方に向かっての超越の表現としてのメシアニズムを生み出す。しかし歴史の真の問題性は、このメシアニズムにおいてこそ深刻化する。ニーバーはメシアニズムの三段階を、（a）利己主義的・国家主義的な段階、（b）倫理的・普遍主義的な段階、（c）預言者思想（prophetism）の中に見いだされる超倫理的・宗教的な段階として区別する。

まず第一の段階であるが、これは歴史の苦悩ないし自己の歴史的運命の不安定さの原因を敵の力に見いだし、生の意味の成就を敵に対する〈われわれ〉の、つまりメシア的希望がそこにおいて表現されている国家・帝国・文化の勝利に期待する。こうした考えは、最も低い段階における歴史的文化を表しているが、この要素は預言者的メシアニズムの最高段階においてすら完全には除去されない。

次に倫理的・普遍主義的な段階であるが、この段階においては、歴史の問題は〈われわれ〉の人種・国家・帝国の無力さにではなく、歴史の中で善勢力が悪勢力に対して無力であるということである。歴史が無意味性に晒されるのは、歴史の中で悪が勝利を博しているためである。それゆえ歴史の意味の問題は、力と善とを結びつけるメシア的な王の到来という希望によって解決される。これがいわゆる「牧者なる王」(shepherd king)の意義である。このメシア的な牧者なる王が、「善きカエサル」(good Caesar)と異なっている点は、それが純粋に歴史的な人物ではなく、地上の王となった神という超越的契機を含んでいることである。

しかし最も重要なのは第三の段階である。預言者的メシアニズムが概して倫理的・普遍主義的な段階で動いているのはたしかであるが、普遍主義的な要素と預言者思想とを同一視するのは誤りである。預言者的メシアニズムは、〈特殊主義《パティキュラリズム》〉に対する〈普遍主義《ユニバーサリズム》〉の勝利ということ以上に深遠な要素を含んでいる。ニーバーによれば、イスラエルの罪を断罪するアモスの審判の預言において、その非難の対象は「特殊主義であるよりはむしろメシア概念についての楽観主義である」[85]。それゆえこの段階は、メシアニズムの論理を内側から破壊突破するような内容をもっている。このようにメシアニズムそのものの徹底的批判を媒介として開かれてくる地平のなかに、「歴史解釈の新しい次元」[86]が出現してくる。

かくして「ヘブライの預言者思想の中に見いだされるのは、倫理の歴史における普遍主義の勝利ということよりはむしろ、宗教の歴史における啓示の開始ということである。啓示の開始というのは、文化史においてはここで最初に、永遠的・神的なものが、特殊主義的であれ普遍主義的であれ、人間の最高の可能性の延長とか成就であるとは見なされなくなったからである。神の言葉は、すべての国民と同様、神の選んだ民に反して（against）語られる。……歴史の真の問題は、人間の努力がもっている傲慢なみせかけ、つまりその努力の有限性や部分的性格を曖昧にしようと努め、それによって歴史を悪や罪に陥れるところのみせかけだということである」[87]。

それゆえ「預言者思想によれば、歴史の意味の問題は、いかにして歴史は審判以上の何かであり得るかということ、つまり歴史の約束は一体成就され得るかどうかということである」[88]。「もし真剣に考えられるなら、歴史の完成は、正しい者が正しくない者に勝利するのを助け、平和の支配において歴史の諸々の闘争を解決し、強き者を貶めて貧しき者と柔和な者とを高く上げるところのメシア的支配ではありえない。歴史の完成は、歴史を単に繰り返される審判以上の何物かにするところの、神の憐れみにおいてのみ可能である。預言者思想によれば、歴史の問題は、神が自らの意志に背く悪の挑戦を克服するに余りある強き方であると啓示されなければならない、ということではない。歴史の問題は、神がすべての人間を審判すると同時に、贖うに余りある大いなる憐れみの源を有している方として啓示されなければならない、ということである」[89]。

このようにニーバーは、歴史の真の問題は苦悩や悪ではなく、メシアニズムによっては解決されない罪の問題であると見る。しかし預言者思想が提起したこの問題は、イエスがそれに解答を与えるまでは未解決のままにとどまる。

（5）キリストの出来事

キリスト教信仰は磔刑に処せられたナザレのイエスをメシア（＝キリスト）として信じる。しかしこのキリストは、ギリシア人には待望されていなかったがゆえに、「愚かなもの《モイア》」であり、ユダヤ人には待望されていたメシアと違っていたがゆえに、「躓かせるもの《スカンダロス》」である[90]。ニーバーにとってこの区別はきわめて重要である。ギリシア人にとって「愚かなもの」であったのは、「歴史は自然に属しており、したがってそのような啓示を不可能としたからであり、また、人間の理性は永遠に属しており、したがってそれを不必要としたからである」[91]。ユダヤ人にとっては、このような啓示は可能であり必要でもあったが、「キリストは待望されていたにもかかわらず、待望されていた類のメシアでない」[92]ので、「躓かせるもの」なのである。それにもかかわらずパウロは、「［このキリストは］召された者自身にとっては、ユダヤ人にもギリシア人にも、神の力、神の知恵たるキリストなのである」（第一コリント１・24）と宣言している。メシアニズムが非歴史的宗教・文化の円環的歴史を突破する歴史の論理であるとすれば、キリスト教信仰は、さらにそのメシアニズムを内的に否定突破する歴史の論理、つまりメシアニズムの超克の論理を内包している。ニーバーによれば、このようなキリスト教信仰の驚くべき主張は、初代教会がユダヤ教との相克の中から苦心して造り上げた論理ではなく、ユダヤ教的メシアニズムに対してイエス自身が与えた究極的解答であった。

ニーバーは、イエス自身によるメシアニズムの改変を「人の子は苦しまなければならない」という観念の中に見いだす。これは黙示文学的な「人の子」の観念と、イザヤ書五三章から取り出された「苦難の僕」の観念との結合であるが、「この結合は歴史の意味についての一つの深遠な再解釈を表現している」[93]。神の代理者であるメシアが苦しまなければならないと宣言することは、身代わりの苦難を歴史における意味の最終的啓示とすることである。神はキリストの苦難の愛を通して御自身の正義の要求を貫徹される。キリスト教信仰は、このキリストの十字架の死の中に神の苦難的な愛を見いだす。それゆえキリストの生と死と復活は神の愛の本質を啓示する。かくしてニーバーによれば、神御自身の苦難こそは「人間歴史に対する神の主権の最終的次元[94]」である。そして「受肉において神が人間に語りかけるということが、歴史の中心的問題に対する解決である[95]」。ところで贖罪（atonement）は受肉（incarnation）の内容であり、これは和解（reconciliation）という行為によって達成されるのであるから、ニーバーの歴史解釈にとって、贖罪の教理が決定的な重要性をもつことになる。「贖罪と義認というこの教理は、『家造りらの捨てた石』であり、『隅のかしら石』にされなければならない石である。それは人間本性と人間歴史とを理解するための絶対に不可欠の前提である[97]」。歴史の真の問題は、キリストの十字架において最高度に極まる。神御自身が人間の罪の犠牲になられたことにより、人間の罪は鋭く開示され明確化される。

（6）中間時としての歴史

ニーバーは、イエスが「終末」について自ら再解釈し、歴史の終局の二つのアスペクトを少なくとも部分的には分離したと考える。その論拠は、一方においてイエスは「神の国はすでに来た」（現在完了）と言い、他方において「神の国は来るであろう」（未来）と語っているからである。この矛盾的な二重的観念が含意するところは、「歴史は中間時（interim）である[98]」ということである。それゆえキリスト以後の歴史は、歴史の真の意味の〈開示〉（disclosure）とその意味の〈成就〉（fulfillment）との間の中間時、神の主権の〈啓示〉（revelation）とその主権の完全な〈樹立〉（establishment）との間の中間時である。このように考えられた場合、歴史の内部における人間相互間の矛盾対立や神への反逆といったことは、歴史の持続的要素であり続ける。「罪は原理的に（in principle）は克服されているが、実際に（in fact）は克服されていない。愛は勝利的な愛であるよりも、むしろ苦難的な愛であり続けなければならない[99]」。

キリスト以後の歴史は「中間時」である。そこでは暫定的な意味は認められるが、人間は依然として「鏡に映して見るようにおぼろげに見ている」（第一コリント13・12）。それゆえ「わたしが完全に知られているように、完全に知るであろう」ときに最終的な意味が成就されることを、信仰によって待ち望まなくてはならない。歴史の中には悪に対する暫定的な審判があるが、いずれも不正確である。それゆえ歴史は究極的な審判を待つのである[100]。ニーバーが好んで用いる聖書の譬を使えば、「人間歴史は麦と毒麦との混合」である。われわれは暫定的な区別をしなければならないが、最終的な区別は存在しない、ということを知らなければならない。かくして聖書は、「収穫まで、両方とも育つままにしておけ」（マタイ13・30）との勧告をなす[101]。われわれが悔い改めと信仰によって神との関係を打ち立てるあらゆる瞬間瞬間に生の成就が存在する。しかし「われわれは希望によって救われている」のであり、生の成就をなお将来に待っている[102]。

　かくしてキリスト教信仰は、「歴史の不完全さと腐敗とがそこにおいて最終的に克服される〈終末〉を指し示し[103]」、そして「最終的な審判と最終的な復活を待望する[104]」。このことは、新約聖書においては、苦難のメシアが「大いなる力と栄光とをもって」再び来たり給うという希望の中に表現されている。それゆえ、歴史はキリストの〈来臨〉と〈再臨〉との間の中間時である。

「歴史がキリストの来臨と再臨との間の中間時であるという観念は、人間実存のあらゆる事実を照らし出すような一つの意味をもっている。キリストの来臨以後の歴史は、その真の意味を部分的に知っているという特性を有している。人間が決して完全には彼自身の真の本性と矛盾し得ない限り、歴史もまたその意味の有意義な実現を示している。それにもかかわらず、歴史はその真の意味に対する真の矛盾のうちに依然とどまっている。その結果、歴史のうちにおける純粋な愛はつねに犠牲的な愛でなければならない。しかし、もし歴史がキリストのパースペクティヴから見られるならば、歴史の諸矛盾は決して人間の規範となりえない[105]」のである。

（7）教会と歴史の終末

キリスト教会は、理想的には、罪を悔いる信者たちの共同体であるが、現実的には、不義なる者たちに対して自分たちの義しさを証明してくれるよう神に祈り求める、義なる者たちの共同体と化す危険に晒されている。これは教会が「反キリスト」へと転落する危険性である。そうならないためには、教会は十分に終末論的（eschatological）にならなければならない。なぜなら教会は〈愛〉のわざに励まなければならないが、そのためには終末論的な〈信仰〉と〈希望〉によって生きなければならないからである。ところで、「教会がそれによって生きる信仰と希望は、理想的には、歴史のあらゆる悲劇的な道徳的曖昧さのただなかにあって、神の意志をなそうと努める教会の責任を廃棄するよりは、むしろそれを先鋭化する[106]」。

ニーバーがこのように、終末論的なあり方とキリスト者及び教会の社会的責任とを結びつけていることは、注目すべきことである。ニーバーにとって終末論的であることは、ブルトマンの場合のように、「非世界的」(entweltlich)になることではなく、すでに来臨された十字架のキリストを覚え、再び来られる栄光のキリストを、信仰と希望によって待望するという、再臨待望的なあり方を意味する。しかし、もちろんそれはメシア待望的（Messianic）になることとは根本的に異なる。すでに来臨されたキリストを将来に待つということでなければならない。このあり方を根本的に特徴づけるのは、「真理をもっており、しかももっていない」(having, and not having, the truth）という恩寵のパラドクスである。教会は十字架において啓示された神の「愛」が究極的に一切の問題（社会問題も含めて）の解決であることを認識し、それを歴史の中で宣べ伝える。それゆえ教会の社会的責任を先鋭化するのである。しかし終末論的であることが非世界的であることを意味しないのと同様、それは社会にのめり込み、「地の塩」としてのききめを失ってしまうことではあり得ない。そうではなく、「世界超越と世界変革」（transcending and transforming the world）が逆説的に一となったような仕方で、社会形成的になることである。[107]これは「もっており、しかももっていない」というパラドクスを徹底化するときに初めて可能となる。教会はこのパラドクスをサクラメント（聖礼典）に体現させている。かくして「信仰と希望によって生きる恩寵の共同体は、サクラメンタル（sacramental）でなければならない。それは最終的な徳と真理をもっており、しかももっていないことを象徴するサクラメントをもたなければならない。それはキリストの〈アガペー〉に参与することを表現し、しかもこの愛を達成したと見せかけないないために、サクラメントをもたなければならない」[108]。

「キリスト教会の最高のサクラメントである聖餐式は、この終末論的緊張で充ちている。それは『わたしを記念するためにこのように行いなさい』という言葉によって制定されている。聖パウロは『あなたがたは、このパンを食し、この杯を飲むごとに、それによって主が来られるときに至るまで、主の死を告げ知らせるのである』と言明している。かくしてサクラメントにおいてキリスト者は、大いなる記憶と大いなる希望とによって生きるのである。現在の現実は、その記憶と希望のために異なっている。記憶と希望との間に存在しているのは、恩寵の生活である。そこにおいては、キリスト者共同体は、キリストの愛は共同体における達成された現実であると同時に、代理的にのみ主張されうる徳である。キリスト者共同体は、キリストの完全を確かな所有物としてはもっていない。それはこの愛を所有していると確信することが少なければ少ないほど、より確実にそれを発揮するであろう」[109]。

ニーバーはギリシア語の「終末」（eschaton）によって意味されるところのものを、ラテン語の「終結」（finis）

とギリシア語の「目的」(telos) という、それに対応する二重の用語によって捉え直す。

「人間の生と歴史におけるすべてのものは終わりへと向かって動いている。人間は自然と有限性に従属しているため、この『終わり』は存在するものが在ることをやめる一点である。それは〈終結〉である。人間は理性的な自由をもっているため、『終わり』はもう一つの意味をもっている。それは彼の生と業の目的であり目標である。それは〈目的〉である。終わりが〈終結〉であると同時に〈目的〉であるという二重の含蓄が、ある意味で、人間歴史の全性格を表現し、人間実存の根本的問題を明らかにしている。歴史の中の万有は、成就と消滅、つまりそれらの本質的性格のより十分な具体化と死の両方へ向かって進む[110]」。

個人にとって問題となるのは、〈フィニス〉としての終わりが〈テロス〉としての終わりを脅かすことである。〈フィニス〉は生がその〈テロス〉に到達する以前に人を襲う。人間はみな「約束された土地の外で滅ぶモーセのような存在 (a Moses) である[111]」。しかし終末が単に〈フィニス〉にすぎないのではなく、〈テロス〉でもあるところに、逆に人間の歴史的生における倫理的努力が意味をもってくるのである。ニーバーが〈フィニス〉と〈テロス〉によって終末を考えるのは、こうした〈フィニス〉と〈テロス〉の弁証法的な関係を生かそうとするからである。

ニーバーは、歴史の終末についての三つのシンボリックな観念——「キリストの再臨」、「最後の審判」、「万人の復活」——をもって、歴史の終末を解釈する。われわれはこの三つにさらに「反キリスト」という聖書的象徴をつけ加え、ニーバーがこれらの象徴をどのように解釈しているかを見ることによって、彼の「歴史の終焉」論を考察してみようと思う。

a　反キリスト (Anti-Christ)

反キリストは歴史の終末の先駆けとなる出来事に属する。この象徴は二様に解釈され得る。一方では、「悪の最も明示的な形態、すなわち神に対する最もあからさまな挑戦は、歴史の終末に現れるという意味として解釈され得る」が、他方では、「終わりに現れる悪はキリストの名における、ないしは神の名における、利己的目的の主張である、という意味として解釈され得る」[112]。新約聖書においては、この象徴は歴史の全体的・徹底的な見方にとって絶対必要なものである。善と悪は混ざりあっている。悪はそれ自体の独立した歴史をもっているわけではなく、善に寄生している。歴史は終わりまで善と悪のあらゆる可能性に開かれている。「歴史の終わりに現れる反キリストは、歴史を終わらせるキリストによってのみ打ち負かされる」[113]。

b　キリストの再臨（Parousia）

キリストの再臨の観念は、「キリスト教的歴史解釈と新約思想の真の理解にとって不可欠のものである」[114]。なぜならこの観念は、「キリスト教の最も深遠な特質をすべて含んでいる」[115]からである。「歴史の終末に苦難のメシアが勝利的な審判者および救い主として再臨するであろうと信じることは、存在は究極的にはそれ自体の規範に反抗できない、という信仰を表現することである。……それゆえ、キリストおよびキリストの勝利的再臨の正当確認は、世界と歴史に対する神の主権の充足性を信じる信仰、およびあらゆる自己愛の力――それは当座は神の意志の下にある万有の包括的調和に反抗する――に打ち勝つ愛の最終的至上権に対する信仰の表現である」[116]。

それゆえ、キリストの再臨の信仰は、ユダヤ黙示思想の投影として片づけられるような取るに足らないものではなく、キリスト教信仰にとって重要かつ本質的なものである。それは、ユートピアニズムと余りに徹底的な他界主義に対する反駁にもなる。

c　最後の審判（Last Judgement）

ニーバーによれば、「最後の審判の象徴は、歴史の道徳的曖昧性を最後まで強調する」[117]ものである。彼はこの象徴に含まれている三つの重要な面を区別する。第一に、最後の審判における歴史の審判者がイエス・キリストであるということである。このことは、歴史が「真の人にして真の神」なるイエス・キリストという人間歴史の究極的可能性によって裁かれることを意味する。第二に、最後の審判の象徴が、歴史における善悪の区別を強調することである。歴史が神に直面するとき、善悪の相違が区別なき永遠に呑み込まれてしまうわけではない。歴史の内には善悪の絶対的区別は存在しないが、このことは善悪に対する〈最終的な〉審判の必然性と可能性を排除しない。第三に、この審判が〈最後〉の審判として、歴史の最後に置かれていることである。それは最後の審判であるから、歴史の内におけるいかなる意味の成就も徳の達成もそれを逃れることはできない。

d　復活（Resurrection）

復活の象徴は、「キリスト教信仰が、時間的経過を変貌（transfigure）させるが廃棄（annul）しない永遠を希望する」[118]ことを示している。キリスト教信仰は、「からだ」の甦りを信ずる。これは霊魂不滅の教説の否定である。「からだ」の甦りというこの象徴において、「からだ」は自然が人間の個別性やあらゆる歴史的実現に対してなす貢献を指し示している。したがって「からだ」の甦りは、歴史の中で展開されたものの豊かさや価値を廃棄するのではなく、それを超越において成就することを示している。しかしその成就は復活という仕方でなされる。またキリスト教は「万人の復活」（general resurrection）を信ずる。この観念は、「個人の生の価値と、……個人に対する歴史の全経過の意味の両方を公正に扱っている」[119]。

（8）古典的歴史観並びに近代的歴史観に対する批判

以上のような仕方で聖書的・キリスト教的歴史観を現代的に再解釈したニーバーは、次にかかる視点から古典的歴史観と近代的歴史観に対して批判を加える。これら二つの代替的歴史観に対する彼の批判は、フクヤマ並びにレーヴィットの歴史観に対する間接的な批判にもなると思われるので、最後にこの点について簡単に要点を述べておきたい。

ニーバーによれば、プラトン、アリストテレス、ストアによってつくられた西洋古典思想と、バラモン教や仏教によって素地を与えられた東洋思想は、「非歴史的精神性」(a-historical spirituality) によって特徴づけられる。[120] 両者の間には、一方がより理性的であり、他方がより神秘主義的・非理性的という相違はあっても、歴史に対する根本的態度においては共通性がある。「これらの態度のすべてに共通な特徴は、人間本性のうちの無時間的・神的な要素と見なされるものを、変化と時間的流転との世界から分離しようとする烈しい努力がなされることである」。[121] ここでは自然的時間と歴史的時間とは同一視され、時間的世界は「終わりなき循環の領域」(a realm of endless recurrences) であると見なされる。[122] デモクリトスからルクレティウスに至るギリシアの古典的自然主義が歴史を自然に還元しようとするのに対して、ギリシアの古典的観念論や神秘主義は歴史を永遠の腐敗であると見なし、歴史の世界から逃避しようと努める。したがって、ここでは歴史は永遠の中に呑み込まれてしまう。「いずれの場合にも、歴史における生の究極的主権のより完全な啓示の、したがって、生の意味のより完全な開示の、必要性や可能性は存在しない」[123]。

このような古典的歴史観に対して、ニーバーは以下のような要点をついた批判を加える。すなわち、「生と歴史の意味に関する古典的観念のさまざまな解釈は、生と歴史についての共通の古典的態度があるという考えを正当化するのに十分なほど似かよっている。この態度においては、歴史は自然と同一視され、歴史の理解可能性は、歴史が自然的な循環に服することによって証明される。そして自由と運命、人間の決定と人間の決定を超越する意味の型、の特徴的な相互関係は曖昧にされている。生の意味は、人間の比類なき自由と理性を人間歴史の曖昧さから解放することによって実現される高次の合理性と同一視される。このように二つの水準において理解可能性がある。しかし生はその全体性においては有意味ではない。そして歴史はそれの循環においてのみ有意味であって、人間の自由が時間的過程の中に導き入れる新しさ（novelties）において有意味なのではない。人間存在の二つの部分は理解可能性の二つの領域に関連づけられている。しかし生と人間歴史は、それの自由と有限との統一性並びに曖昧さにおいては有意味ではない[124]」。

他方、近代的歴史観に対するニーバーの批判も注目に値する。ニーバーによれば、「たった一つの信仰箇条が、近代文化の多様な形式に共通の信念という統一性を与えてきた。あらゆる種類の意見をもっている近代人は、歴史の発展が贖罪の過程であるという信念（the belief that historical development is a redemptive process）において、その説を同じくしてきたのである[125]」。微視的に見た場合、近代文化の中には相克対立する種々の歴史観が乱立しており、それらは相互に調停され得ない深い対立を孕んでいるにもかかわらず、それらの相対立する歴史観の根底に共通性が見いだされる。近代の種々の歴史観がその対立にもかかわらず共有しているのは、歴史が自らに内在している力によって自らの諸問題を解決するであろうという、「歴史に対する信仰」（faith in history）である。しかしこのような信仰は、結局のところ、人間に対する信仰にほかならない。かくして、「歴史についての近代的な誤りの最終的形態は、人間は歴史の被造物であると同時に歴史の創造者である、という人間の両義的な地位が漸進的に変えられ、遂には、あまり遠くない将来に、歴史的運命の紛れもない主人になるであろう、という確信である[126]」。

それでは、近代的歴史観の誤りの主因はどこにあるのであろうか。ニーバーによれば、近代的歴史観の誤りは大きく二点に要約される。第一の誤りは、人間の自由を過大評価したこと（the extravagant estimates of freedom）である。これは、人間は自然の子であると同時に霊であり、有限であると同時に自由であり、歴史の被造物であると同時に歴史の創造者であるというパラドクスを否定することになる。第二の誤りは、あまりにも安易に自由と徳とを同一視したこと（the identification of freedom and virtue）である。その結果、近代文化は自由の増大が悪の可能性をも孕んでいることを理解できなかったのである。[127]

ニーバーによれば、こうした近代的歴史観のなかには「正直な誤り以上のあるもの」が入り込んでいる。すなわち、「生と歴史についての近代的解釈の全構造は、人間の弱さと不安定を曖昧ならしめようとする人間の傲慢の非常に巧妙な考案であり、人間の弱さと不安定とを無視しようとする努力を通して人間が陥る罪を隠そうとする人間の良心の巧妙な考案であり、責任を回避しようとする人間の怠惰の考案であった[128]」。このようにニーバーは、近代的歴史観の根底に人間の罪の普遍性を洞察するのである。[129]

むすびにかえて

以上われわれは、フランシス・フクヤマならびにカール・レーヴィットの歴史理解との比較において、ニーバーの歴史理解を詳しく考察してきた。この三者の歴史理解の比較対照がわたしの関心を引いたのは、ひとつにはフクヤマの議論に完全に欠落している人間実存の「深みの次元」を、ニーバーが掘り下げているからであり、もうひとつにはニーバーの歴史論はそれ自体でレーヴィット的命題に対する有力的なアンチテーゼにもなる、と思われたからである。フクヤマの「歴史の終焉」論を読んで一番不満に思う点は、「自由の意識の進歩」というヘーゲルの歴史哲学の枠組みを援用しているにもかかわらず、ヘーゲルと違って人間精神や自由の概念についての掘り下げが十分でないことである。彼は人間の「欲望」に最も深い関心を寄せ、「威信」(prestige)、「自尊心」(self-respect)、「虚栄」(vanity)、「誇り」(pride) といったことを論じているけれども、人間のこうした欲望が「罪」の源泉になり得ることを見ていない。彼はニーバーの名前も挙げながら、「《現実主義》の非現実性」(the un-reality of "realism") を批判しているが、[130] 人間精神の超越性、自由の両義性、罪の普遍的現実性といったことに関しては、むしろ彼の見方のほうが非現実的ではなかろうか。この意味では、われわれはもう一度ニーバーから学び直す必要があるであろう。

レーヴィットに関しては、すでに問題点を指摘しておいたので、ここで繰り返すには及ばないが、われわれ人間の思惟のみならず、社会構造そのものが歴史化してきている現代にあっては、歴史的世界からの逃亡はいかなる仕方であれ不可能だということである。[131] いまや歴史化は現代人の避け難い運命である。それゆえわれわれは歴史的世界と前向きに取り組まざるを得ないのであるが、その場合ニーバーの歴史論は、われわれに大きな示唆と警告と慰めを与えてくれるであろう。

以上のような確信のもとに、われわれはニーバーの歴史論のいくつかの重要な側面を論述してみた。とはいえ、ニーバーの「歴史の神学」の巨大な構造からすれば、ここで論じたことはそのほんのさわりにすぎず、はなはだ不十分な粗述にとどまっていることを告白せざるを得ない。ニーバーの歴史論の十全な論述は、なによりも彼の思索の実践的コンテクストを射程に入れ、途轍もない数の時事的論文や文明批評を参照しなければならない。しかしそのような作業は、現在のわたしの能力をはるかに超えており、またここでの課題をはみ出してしまうであろう。[132]

（1）Francis Fukuyama, "The End of History ?," *The National Interest* 16（summer 1989）: 3-18.
（2）邦語文献として特にわたしの目にとまったのは、『文藝春秋』一九九〇年一月号に掲載された永井陽之助と江藤淳による特別対談「〈歴史の終り〉に見えるもの」（同誌九四―一一六頁）と、一九八九年十二月二十八日の『朝日新聞』紙上に掲載された佐々木毅の論壇時評「冷戦の終焉」であるが、これらに先立つこと数カ月、当時東京女子大学の教授であった池明観がキリスト教学校教育同盟主催の講演会で、この論文の価値に注目して詳しく論じたことは、同氏の時代感覚の鋭敏さを示すものであろう。
（3）*History and the Idea of Progress*, edited by Arthur M. Melzer, Jerry Weinberger, and M. Richard Zinman（Ithaca and London : Cornell University Press, 1995）は、フランシス・フクヤマの「歴史の終わり」に関するテーゼをめぐって開催されたシンポジウムの成果を反映したもので、ここにはフクヤマ自身が自己のテーゼを敷衍して述べた論文「普遍史を書く可能性について」（"On the Possibility of Writing a Universal History"）以外に、ヘーゲル学者のテリー・ピンカード、政治学者のハーヴェイ・C・マンスフィールド、政治学者のサミュエル・P・ハンチントン、哲学者のリチャード・ローティーなどによる興味深い十一篇の論文が収録されている。
（4）Francis Fukuyama, *The End of History and the Last Man*（New York : The Free Press, 1992）. なお邦訳は渡部昇一によって『歴史の終わり』上・下として三笠書房から出版され、すでに大ベストセラーとなっている。
（5）Ibid., p. xi-xii.
（6）Fukuyama,"The End of History ?," p. 4.
（7）原典は Alexandre Kojève, *Introduction à la lecture de Hegel*（Paris : Gallimard, 1947）であるが、残念ながら参照できなかったので、本稿における筆者の議論は専ら上妻精、今野雅方両氏による邦訳『ヘーゲル読解入門』（国文社、一九九八年）に基づく。この書の成立の由来については、「出版者の覚書」並びに訳者の「解説」に詳しく述べてある。なおコジェーヴにおける「承認(認知)の問題」に関しては、Michael S. Roth, "A Problem of Recognition : Alexandre Kojève and the End of History," *History and Theory* 24（1988）, no. 3, pp. 293-306からも教えられた。
（8）フクヤマによれば、新著『歴史の終わり』の「核心はスモス（thymos＝気概、自尊、自負）という概念――〈人間同士の認知を得るための闘い〉という意味――に関する議論」に在るとのことである。古森義久「『歴史の終わり』

のF・フクヤマに聞く――日本の挑戦が〈歴史〉をひらく――」『中央公論』（一九九二年五月号）九〇―九九頁。

（9）Georg Wilhelm Friedrich Hegel, *Werke*, Bd. 12, *Vorlesungen über die Philosophie der Geschichte* (Franfukrt am Main : Suhrkamp, 1970), S. 32.邦訳『歴史哲学』上巻（武市健人訳、岩波文庫）、七九頁（傍点筆者）。

（10）Ibid., p. 134.『歴史哲学』上巻二一八頁。

（11）Ibid., p. 524.『歴史哲学』下巻一八四頁。

（12）フクヤマ自身、「コジェーヴのヘーゲル解釈は本当にヘーゲル自身の自己理解によるヘーゲルであるのか、それともそれは正しくは《コジェーヴ的》と名づけられる諸観念の混合物を含んでいるのかということに関しては、もちろん正当な疑問が存している」ことを認めている。しかし彼はそれに続けて、「ヘーゲル本来の姿（the original Hegel）を明らかにすることは重要な課題であるにもかかわらず、当面の議論の目的にとっては、わたしはヘーゲルそのもの（Hegel per se）にではなく、コジェーヴによって解釈されたヘーゲル（Hegel-as-interpreted-by-Kojève）に、あるいはおそらくヘーゲル＝コジェーヴという名前の新しい総合的哲学者（a new, synthetic philosopher named Hegel-Kojève）に関心がある」と述べて、いわば開き直りとも取れる態度を見せている。Francis Fukuyama, "On the Possibility of Writing a Universal History," in *History and the Idea of Progress*, p. 241-242 note 11 ; see also Fukuyama, *The End of History and the Last Man*, p. 144.を参照のこと。

（13）Fukuyama, *The End of History and the Last Man*., p. xii.『歴史の終わり』上巻一五頁。

（14）ヘーゲル学者のテリー・ピンカードによれば、ヘーゲルの『歴史哲学』に出てくる「歴史の最後の段階」という概念を理解する際に、われわれは以下の三点に留意しなければならないという。第一に、ここでのヘーゲルの関心は、（例えばドイツの歴史とかペルーの歴史といった）地方史ではなく、もっぱら世界史であるということ。第二に、ヘーゲルがここで関心をもっているのはもっぱら政治史であり、しかも協同的な政治的実践に不可欠な自己理解であること。したがって、彼は社会生活のあらゆる形態について論じているのではなく、彼の議論においては国家の発展に照準が絞られていること。第三に、政治史としての世界史は、政治的生は自由の理念とその発展のまわりに組織化された諸制度を具現化するものであるとの理解にいたる、精神の物語として捉えられなければならないが、このことをヘーゲルは明確に論じていること。

ピンカードのこのような指摘は、フクヤマがヘーゲル哲学の微妙な点に十分な注意を払わないで、ややもすれば上記の概念を「歴史の終わり」として一般化していることに対する暗黙の批判のように思われる。Terry Pinkard, "Hegel on *History*," in *History and the Idea of Progress*, pp. 52-55. を参照のこと。

(15) フクヤマの「歴史の終わり」の主張に対して、このようなアンチテーゼを声高に主張したのは、当時国際日本文化研究センターの所長であった梅原猛である。『歴史の終わり』の訳者の渡部昇一との対談「復讐される近代文明――西欧精神はなぜ閉塞したか――」における梅原の発言は、中曽根元首相も共有していると思われる「日本的イデオロギー」を色濃く反映したものである。梅原の基本的な見解に関しては、『Voice』（一九九二年四月号）一六二―一七四頁、及び『朝日新聞』（一九九〇年一月八日、一六日）紙上での中村元との新春対談「日本人を語る」を参照。『歴史の終わり』に対する中曽根の反応については、『週刊文春』（一九九二年四月二日号）二一七―二一八頁を参照。

(16) Hegel, *Vorlesungen über die Philosophie der Geschichte*, S. 540.『歴史哲学』下巻、二〇七頁。

(17)「深みの次元」(the dimension of depth ; die Dimension der Tiefe) という言葉は、一般に、パウル・ティリッヒのものとしてよく知られているが（特に、Paul Tillich, "Die verlorene Dimension," in *Gesammelte Werke*, Bd. 5, S. 43-50参照）、しかしラインホールド・ニーバーも、「神話の真理」("The Truth in Myths") という一九三七年の論文において、この言葉を頻繁に用いていることは注目に値する。Reinhold Niebuhr, *Faith and Politics*, ed. by Ronald H. Stone (New York : George Braziller, 1968), pp. 15-31.

(18) ニーバーとレーヴィットとの間には興味深い接触が見いだされる。レーヴィットのアメリカ亡命の手助けをしたのは、ティリッヒとニーバーであったし (Karl Löwith, *Sämtliche Schriften* [Stuttgart : J. B. Metzler, 1981-1988], Bd. 1, S. 455)、レーヴィットはニーバーの『信仰と歴史』について書評を書いている (*Theology Today* 6 [October 1949], pp. 422-425)。さらにレーヴィットは、ケグリー編集のニーバー献呈論文集（注57参照）にも"History and Christianity" なる論文を寄稿している。しかしそれ以上の接点は、筆者の調べた範囲では、文献的には証明できない。

(19) Bernd Lutz, "Nachwort", in : Karl Löwith. *Der Mensch inmitten der Geschichte : Philosophische Bilanz des 20. Jahrhunderts* (Stuttgart : J. B. Metzler, 1990), S. 385.

(20) エトムント・ヘルツェン「スケプスィスとテオリア――レーヴィットの哲学について」『文化』（東北大学文学会）

二三巻一号（一九五九・三）七頁。及び、細谷貞雄「自然と歴史の間で――レーヴィトについての不十分な覚書――」『哲学雑誌』七八巻七五〇号（一九六三）三九―六四頁参照。

（21）Karl Löwith, *Sämtliche Schriften* (Stuttgart : J. B. Metzler, 1981-1988), Bd. 4, *Von Hegel zu Nietzsche*, S. 4（以下SSと略記）。

（22）Löwith, "Curriculum vitae," SS 1, S. 457.

（23）この書を執筆当時、レーヴィットは祖国を追われた亡命者として、アメリカのハートフォード神学大学で教鞭を取っていたが、彼自身はキリスト教信仰をもっていなかった。むしろ内心では人知れず非キリスト教的なニーチェ的な立場に立っていた彼であったが、しかし公にはキリスト教的な場に奉仕する神学校の教授として振る舞わなければならなかった。そこに彼の「仮面性」があるのである。佐藤敏夫「レーヴィットとキリスト教」、『神と世界の回復』（ヨルダン社、一九八六年）七五―八二頁所収。及び、大木英夫『終末論』（紀伊國屋書店、一九七二年）、特に一五―三二頁参照。

（24）Löwith, "Curriculum vitae," SS 1, S. 457.

（25）Löwith, "Weltgeschichte und Heilsgeschehen," SS 2, S. 9.

（26）この点を主題的に論じているのは、現在『著作集』第三巻（SS 3, S. 197-273）に収められている、『知識・信仰・懐疑』*Wissen, Glaube und Skepsis* という一九五六年執筆の書物である。

（27）Löwith, "Curriculum vitae," SS 1, S. 459.訳文は『ナチズムと私の生活』二五〇頁から借用。

（28）ユルゲン・ハーバーマス「カール・レーヴィト――歴史意識からのストア的退却」、『理論と実践』（細谷貞雄訳、未来社、一九八二年）五三五―五六二頁所収。

（29）これはドイツ語版の『著作集』には収録されていない日本語オリジナルなものであるが、もともとは一九五七年マールブルクにおけるドイツ哲学会で発表されたものらしい。ドイツ語原文は東北大学ドイツ文学研究室で印刷頒布されたらしいが、残念ながら手にすることができなかった。

（30）Löwith, "Vom Sinn der Geschichte," SS 2, S. 377-391.邦訳はライニッシュ編『歴史とは何か』（田中元訳、理想社、一九六七年）三八―六三頁、及びレーヴィット『歴史の意味』（佐藤明雄訳、未来社、一九八九年）七―二八頁に収録されている。両書とも必要に応じて随時参照させて頂いた。
(31) レーヴィット『世界と世界史』三頁。
(32) 同四一頁。
(33) Löwith, "Vom Sinn der Geschichte," SS 2, S. 386.
(34) レーヴィットのハイデッガー批判の書物や論文は、現在は『著作集』第八巻に収録されているが、その中でも最も主要な *Heidegger—Denker in dürftiger Zeit*（一九五三）は、『ハイデッガー——乏しき時代の思索者——』（杉田泰一・岡崎英輔訳、未来社、一九六八年）として邦訳されている。
(35) Löwith, "Curriculum vitae," SS 1, S. 455.『ナチズムと私の生活』二四五頁。
(36) Löwith, "Curriculum vitae," SS 1, S. 456.『ナチズムと私の生活』二四六頁。
(37) Löwith, "Bemerkungen zum Unterschied von Orient und Okzident," SS 2, S. 579-58。邦訳はレーヴィット『東洋と西洋』（佐藤明雄訳、未来社、一九九〇年）五—五四頁。ところで、この点で興味深いのは、フクヤマの論文「歴史は終わったのか?」の種本ともいうべき『ヘーゲル読解入門』の著者であるアレクサンドル・コジェーヴも、レーヴィットの初来日から遅れること二十三年後にわが国を訪れ、日本の文物をいろいろと見聞することによって、ポスト歴史の時代の生活様式についての考えをある点で修正するよう余儀なくされた、と述べていることである（『ヘーゲル読解入門』二四四—二四七頁）。ここでその問題を論じることはできないが、いずれにせよコジェーヴの場合でも、レーヴィットの場合でも、日本の伝統的文化、宗教、生活様式が、彼ら西洋人のものの見方・考え方を自己反省させるひとつの新鮮な機会を提供していることはたしかである。
(38) Löwith, "Vom Sinn der Geschichte," SS 2, S. 384.
(39) Löwith, *Nietzsches Philosophie der ewigen Wiederkunft des Gleichen* (Berlin, 1935)（現在は SS 6, S. 101-384）; *Jacob Burckhardt : Der Mensch inmitten der Geschichte* (Luzern, 1936)（SS 7, S. 39-361）。なお前者は、レーヴィット『ニーチェの哲学』（柴田治三郎訳、岩波書店、一九六〇年）として邦訳されている。
(40) レーヴィットがみずからの生き方の範としたヤーコプ・ブルクハルトが、名著『世界史的考察』の中で、歴史哲学を「ケンタウルスのようなもの、つまり一種の形容矛盾」(ein Kentaur, eine contradictio in adjecto) として揶揄していることは、周知の通りである。

(41) Mihran Dabag. *Löwiths Kritik der Geschichtsphilosophie und sein Entwurf einer Anthropologie* (Bochum : Studienverlag Dr. N. Brockmeyer, 1989)、及び細谷貞雄「自然と歴史の間で」、五七頁参照。

(42) Löwith, "Mensch und Geschichte," SS 2, S. 360.

(43) 『世界と世界史』一一九頁。及びレーヴィット『ヘーゲルとヘーゲル左派』（麻生建訳、未来社、一九七五年）六五頁参照。レーヴィットがここでトレルチのことを念頭においていたかどうか判らないが、このようなレーヴィットの考えは、歴史主義の問題に関して、まさにトレルチとは正反対の態度を表明したものである。周知のように、トレルチは「歴史によって歴史を克服する」(Geschichte durch Geschichte überwinden) ことを目指して悪戦苦闘したのである。この点に関しては、拙著 *Ernst Troeltsch: Systematic Theologian of Radical Historicality* (Atlanta : Scholars Press, 1986) 参照。

(44) Löwith, "Weltgeschichte und Heilsgeschehen," SS 2, p. 207.

(45) Arno Heinrich Meyer, *Die Frage des Menschen nach Gott und Welt inmitten seiner Geschichte im Werk Karl Löwiths* (Würzburg : Augustinus-Verlag, 1977), S. 108.

(46) Löwith, "Welt und Menschenwelt," SS 1, S. 313.

(47) Ernst Troeltsch, *Gesammelte Schriften*, Bd. 3, *Der Historismus und seine Probleme* (Tübingen : J. C. B. Mohr, 1922 ; Nachdruck, Aalen : Scientia Verlag, 1961), S. 102.

(48) 西尾幹二「ヨーロッパにおける歴史主義と反歴史主義」、日本文化会議編『歴史像の東西』（研究社、一九七六年）九四―一二七頁所収。たとえばレーヴィットに関連して、氏は以下のような痛切な批判を展開している。「ギリシア世界への復帰という立場からの反歴史主義は、周知の通り、ハイデッガーにも、レーヴィットにもみられる。しかしその表現の仕方は、前にも指摘した通り、はなはだ範型的であり、観察的であり、スタティックである。ギリシア世界という反近代の拠点を自我の拠り所として、いわばその砦の中に立て篭ることによって、下降と衰退にあえぐ近代文化を断罪し、自らはそれを脱け出た地点に生きていると考えるのである。……このように過去を自分の思想のバネに利用して、そこから現代を見下すような意識で、したがって自分を悲劇の実験に供するのではなく、知的に、透明な、過去と現代、歴史と現在に関する見取図を描き出すという静的な思想のあり方がわれわれの周囲にもきわめて多く発見できる。私はこのような思想の構造を——たとえばレーヴィットの『世界と世界史』を一読したときの不満もここにあったが——逆歴史主義と呼ぶことにしている。そして二〇世紀ヨーロッパの歴史主義批判の多くが、あるいはギリシアを、あるいは東洋をよび出してこれを自我の砦とするはなはだ平静な逆歴史主義に終わっているケースの多いことは、時代の文化の混迷の深さを物語っていると思われる」(一一六—一一七頁)。

(49) この点に関しては、ユルゲン・ハーバーマスの指摘は的を得ていると思われる。「カール・レーヴィト——歴史意識からのストア的退却」、『理論と実践』五五〇頁。

(50) Wolfhard Pannenberg, *Grundfragen systematischer Theologie*, 2. durchgesehene Aufl. (Göttingen : Vandenhoeck & Ruprecht, 1971), S. 36. パネンベルクはここでレーヴィットに対抗して、以下のように述べている。「ここからして西洋に成立した歴史の哲学も、レーヴィットが見なすように、キリスト教的・ユダヤ教的歴史理解にあったその起源からの逸脱と見なすことは直ちにはできないことになる。西洋の歴史哲学がその発展の全体において、さらにまたその頽落においてさえも、キリスト教的なその起源から生命を与えられていることは、レーヴィットが非常に印象深く指摘したとおりである。しかしながらその頽落は、世界史的構想そのものが頽落であるという仕方で起こったのではなく、そうではなくて啓蒙主義以後、そしてヴィコとヴォルテール以後、人間が神に代わって歴史の担い手へと高められたことによってはじめて起こったことである」。

(51) 一九四八年のアムステルダム会議において表面化した、ヨーロッパ大陸における神学とアングロ・サクソン世界における神学との対立を、バルトは「大陸的神学」(Continental theology) 対「アングロ・サクソン的神学」(Anglo-Saxon theology) という図式で捉えたが、これに対してニーバーは、アングロ・サクソン世界を代弁するようなかたちでバルトとの間に激しい論争を展開した。これについては、有賀鐵太郎・阿部正雄訳『バルトとニーバーの論争』(弘文堂、一九五一年) 参照。

(52) Reinhold Niebuhr, *Faith and History* (New York : Charles Scribner's Sons, 1949) (以後 FH と略記)。

(53) FH, pp. 14-15.

(54) レーヴィットもニーバーとほぼ同様の見方をしており、「歴史についてのギリシア的思考とキリスト教的思考とは、……近代の進歩信仰から同じ距離をもって離れている」ことを主張する（"Von Sinn der Geschichte," SS 2, S. 384）。

（55）William G. Chrystal, *A Father's Mantle : The Legacy of Gustav Niebuhr*（New York : The Pilgrim Press, 1982）; Richard Fox, *Reinhold Niebuhr : A Biography*（New York : Pantheon Books, 1985）, pp. 1-21参照。

（56）Niebuhr, *Does Civilization Need Religion ?*（New York : Macmillan, 1927）.

（57）ニーバーはデトロイトでの牧師時代を回顧して、「わたしの青くさい楽観主義をより激しく覆したのは、その当時の遠いところで行われていた戦争［＝第一次世界大戦］であるよりもむしろデトロイトにおける社会的現実のほうであった」と述べている。Niebuhr, "Intellectual Autobiography," in *Reinhold Niebuhr : His Religious, Social and Political Thought*, ed. Charles W. Kegley（New York : The Pilgrim Press, 1984）,. p. 5. Niebuhr, *Leaves from the Notebook of a Tamed Cynic*（New York : Meridian Books, 1957）をも参照のこと。

（58）Niebuhr, "Ten Years That Shook My World," *The Christian Century*（April 26,1939）, p. 545.

（59）Niebuhr, *Moral Man and Immoral Society*（New York : Charles Scribner's Sons,1932）.

（60）Niebuhr, *Reflections on the End of an Era*（New York : Charles Scribner's Sons, 1934）, p. ix.

（61）Niebuhr, *The Nature and Destiny of Man*（New York : Charles Scribner's Sons, 1941-1943）（以後 NDM と略記）。

（62）Niebuhr, *Beyond Tragedy : Essays on the Christian Interpretation of History*（New York : Charles Scribner's Sons, 1937）. 有名な哲学者リヒャルト・クローナーは、ニーバーのこの書によって一種の思想的回心を経験したという。W・アスムス『ナチ弾圧下の哲学者――リヒャルト・クローナーの軌跡――』（島田四郎・福井一光訳、玉川大学出版部、一九九二年）、一四八頁参照。

（63）Niebuhr, "The Truth in Myths," in *Faith and Politics*, pp. 16-17.

（64）Ibid., p. 30.

（65）*Beyond Tragedy*, p. 3.

（66）NDM, II, p. 50.

（67）Ibid., p. 1.

（68）Ibid., p. 3.

(69) Ibid., pp. 4-5.
(70) Ibid., pp. 5-6.
(71) Niebuhr, *The Self and the Dramas of History* (New York : Charles Scribner's Sons, 1955), p. 56（以後 SDH と略記）。
(72) NDM, II, p. 6.
(73) FH, p. 112.
(74) Ibid., p. 101.
(75) Ibid., p. 137.
(76) Ibid., p. 102.
(77) Ibid., p. 103.
(78) Ibid., p. 104.
(79) Ibid.
(80) NDM, II, p. 23 ; cf. FH, p. 107, n. 2.
(81) FH, p. 104.
(82) Cf. Hans Hofmann, *Die Theologie Reinhold Niebuhrs* (Zürich : Zwingli Verlag, 1954), S. 193.
(83) FH, p. 125.
(84) FH, p. 105.
(85) NDM, II, p. 24.
(86) Ibid., p. 26.
(87) Ibid., p. 25.
(88) Ibid., p. 27.
(89) Ibid., pp. 29-30.
(90) Ibid., p. 54.
(91) FH, p. 145.

(92) NDM, II, p. 16.
(93) Ibid., p. 45.
(94) FH, p. 143.
(95) NDM, I, p. 147.
(96) NDM, II, p. 55 ; NDM, I, p. 147 ; SDH, pp. 65-66.
(97) NDM, I, p. 148.
(98) NDM, II, p. 48.
(99) Ibid., p. 49.
(100) FH, p. 214.
(101) Ibid., p. 232 ; "The Wheat and the Tares," in *Justice and Mercy,* ed. Ursula M. Niebuhr (New York : Harper & Row, 1974), pp. 51-60.
(102) NDM, II, p. 62.
(103) Ibid., p. 288.
(104) FH, p. 233.
(105) NDM, II, p. 51.
(106) FH, p. 238.
(107) *Does Civilization Need Religion ?*, pp. 165-189.
(108) FH, p. 240.
(109) Ibid., p. 241.
(110) NDM, II, p. 287.
(111) Ibid., p. 308 ; *Discerning the Signs of the Times* (New York : Charles Scribner's Sons, 1949), p. 83 ; *An Interpretation of Christian Ethics* (New York : Harper & Row, 1935 ; reprint ed., New York : The Seabury Press, 1979), pp. 48-49.
(112) FH, p. 235.

(113) NDM, II, p. 319.
(114) Ibid., 48.
(115) *Beyond Tragedy*, p. 21.
(116) NDM, II, p. 290.
(117) FH, p. 237.
(118) Ibid.
(119) NDM, II, p. 311.
(120) FH, p. 16.
(121) Ibid.
(122) NDM, I, p. 10 ; cf. FH, p. 16.
(123) NDM, II, p. 15.
(124) FH, p. 64.
(125) FH, pp. 1-2.
(126) FH, p. 70.
(127) 詳細は　FH, Chap. 5&6参照。
(128) FH, p. 99.
(129) 但し、このような近代的歴史観に対するニーバーの痛切な批判は、彼のもう一面の主張によって補完されなければならない。ニーバーがユニークな思想家であるといわれるのも実はこの点に存している。すなわちニーバーは、近代的歴史観の中に含まれている真理契機をキリスト教の中に取り入れなければならないと主張する。「進展する時間と歴史における発展という近代的発見において真なるものを、キリスト教福音の最終的真理の中に組み入れる必要がある。もし歴史的発展を自明のものと見なし、それを贖いと同一視する近代的な誤りが避けられるならば、ダイナミックな歴史についての聖書的な考え方と、歴史的発展についての近代的見解との間にはいかなる矛盾も存在しない」(FH, pp. 196-197)。

ニーバーは近代の西洋精神史を、宗教改革の教義に対してルネサンスの立場が実質上ほとんど完全に勝利する過程として捉える（NDM, I, p. 148；II, p. 157）。そして宗教改革がルネサンスによってかくも完全に敗北したのは、時代環境が大きく作用したとはいえ、ルター主義の敗北主義（defeatism）とカルヴィニズムの蒙昧主義（obscurantism）の傾向に原因があると考える。彼によれば、「宗教改革は罪責の問題に対する恩寵の究極的な答を、生についてのあらゆる直接的・中間的な諸問題、及びその答に関係づけることに失敗した。したがって宗教改革は、あらゆる考え得る歴史的・社会的状況において増大しつつある真理と善を実現することの可能性と限界とを照らさなかった」（NDM, II, pp. 204-205）。それに対して、ルネサンスは人間歴史が〈無限の可能性〉によって充たされているのを洞察することにおいて、古典思想、カトリシズム、宗教改革のいずれにも優っていた。しかし「ルネサンスは、歴史が〈善と悪との〉無限の可能性によって充たされていることを理解しなかった」（NDM, II, p. 155）。これがルネサンスの決定的誤りである。

ニーバーによれば、近代精神史の問題点は、宗教改革において真であったものが、近代特有の幻想のために、ルネサンスにおいて誤っていたものによって、圧倒されてしまったことである。それゆえ二度にわたる世界大戦という現代史の悲劇によってこの幻想が論駁された今こそ、宗教改革とルネサンスの誤りは退けられ、両者の真理契機は取り出されて、新しい総合へともたらされなければならない。「それゆえ新しい総合が要請される。それは聖書的宗教の恩寵の思想の二重のアスペクトを組み入れ、近代史及び歴史のルネサンス的解釈と宗教改革的解釈が恩寵のパラドクスの上に投げかけた光をつけ加えた総合でなければならない。簡単に言えば、このことは一方では、歴史の内における生は無限定的な可能性によってみたされていると認められなければならない、ということを意味している。……それは他方では、集団的見地からであれ、個人的見地からであれ、生を完成しようとするあらゆる努力と見せかけ、つまり歴史の矛盾を越えたところに立ちたい、もしくは歴史の最終的な腐敗を除去したい、というあらゆる欲望は拒絶されなければならない、ということを意味している」（NDM, II, p. 207）。

ルネサンスと宗教改革の総合の試みの中に、われわれはニーバーのユニークな近代精神史解釈を見るのであるが、実はこれもニーバーの歴史理解の一つの局面にすぎない。

（130）Fukuyama, *The End of History and the Last Man*, pp. 245-253.

(131) しかしこのことは、われわれが自然的世界を無視してもよいなどということは意味しない。工業化や都市化による環境破壊の問題が深刻化し、自然保護が叫ばれる今日、その分脈でレーヴィット哲学を学び直す価値は十分あるであろう。実際、本研究においても参照したダバクの研究書（注41参照）は、そのような関心をもってレーヴィットを取り上げている。

(132) 本稿のもとになっている初出の紀要論文の発表後に、ニーバーの「歴史の神学」についての本格的な研究書が出版された。高橋義文『ラインホールド・ニーバーの歴史神学――ニーバー神学の形成背景・諸相・特質の研究――』（聖学院大学出版会・一九九三年）がそれであるが、この書はニーバーの歴史理解の特質をあますことなく究明しており、われわれとして望みうる最高水準の学問的成果をあらわしている。

あとがき

本書においては、「歴史と探求」という主題のもとに、主にレッシング、トレルチ、ニーバーについて考察したが、この三者をこういう仕方で結び合わせて論ずることは、きわめて異例のことであると思う。そこにわたしの固有の問題意識が強く反映されていることは否めないが、しかしこの結合は単に著者の主観的問題意識によるのではない。わたしとしては、やはりそこに一定の思想史的連関があることを主張したいと思う。

レッシングとトレルチとの間には、はっきりとした問題意識における連続性がある。それは端的に言えば、歴史的真理と規範的真理との関係性の問題である。トレルチ自身の手によって出版された最後の論文が、奇しくも「歴史の真理の偶然性」(Die Zufälligkeit der Geschichtswahrheit) と題されていることは、実に暗示的である。この論文がトレルチの絶筆となったことはあくまでも偶然にすぎないが、しかしそこには単なる偶然的事実を超えたもの、つまりある論理的な必然性が暗示されている。トレルチの全思想活動を駆り立てた根本問題は、拙著 *Ernst Troeltsch : Systematic Theologian of Radical Historicality* (1986) において示したように、「歴史主義」(Historismus) の問題であったが、この問題を最初にそして最も鋭角的に提起したのはまさにレッシングであった。トレルチのこの論文は、やがて「歴史主義」という仕方で表面化してくるあらゆる根本問題が、「偶然的な歴史の真理は必然的な理性の真理の証明とはなり得ない」というレッシングの命題のうちにすでに濃縮されて表現されていることを、いわば肉声でもって証言している。

トレルチからニーバーへといたる発展は、それとはまったく性質を異にしており、両者の関係はいわば「非連続の連続」の関係である。ニーバーはトレルチの『キリスト教会と諸集団の社会教説』の英語版についての書評を、『明日の世界』(*The World Tomorrow*)誌の一九三一年十二月号に寄せているが、しかしそれだけではない。一九六二年五月九日付けの『クリスチャン・センチュリー』誌の"EX LIBRIS"という小さなコラム記事には、「どんな書物があなたの職業上の態度と人生哲学との形成に最も影響を及ぼしましたか」という質問に対するニーバーの回答が載っているが、そこでニーバーはトレルチの『キリスト教会の社会教説』を真っ先に挙げている。わたしはこの記事の所在を敬愛するニーバー研究者の西谷幸介氏からはじめて教示されたが、いずれにせよニーバー自身がトレルチからの影響を明確に認めているという事実は、ニーバーの『人間の本性と定め』とトレルチの『社会教説』の間に本質的な関係があると睨んでいた、わたし自身の学問的直観の正しさを裏づける嬉しい発見であった。しかし両書を精読する者には、後者から前者への歩みが単なる継続的発展ではなく、キリスト教的神話と象徴の真剣な捉え直しを媒介にした転換的発展であることは明らかである。つまりニーバーはトレルチを批判的に受容して、トレルチ的な「宗教史の神学」と「歴史哲学」を、キリストの啓示に基づく「歴史の神学」へと転轍したのである。

レッシングからトレルチを通ってニーバーへといたる方向線は、それゆえ明確に連続する実線ではなく、むしろ断絶と屈折を含む破線ないし点線である。それにもかかわらず、三点を結びつけることによって、近代プロテスタンティズムの意義深い思想世界が現出して来ないであろうか。「まえがき」にも記したように、セバスティアン・フランクをも含めた、これらの異質な思想家たちの間の「意味深長な思想史的連関」を掘り起こすためには、細部にわたる多くの研究作業がさらに必要であるが、いずれにせよわたし自身の神学的・宗教哲学的思想の主軸は、本書において試論的に論述した方向を示している。我が国においては――特に我が国のキリスト教世界においては――、このような思想方向に共感される方は多くはないであろうが、しかし本書に描き出された方向性は、混迷した現代の宗教的・思想的状況のなかを二十一世紀の大海原に船出する際に、それなりの指針と示唆を与えるであろう。

おわりに、このような機会が与えられなければおそらく日の目を見ずに終わったであろう拙稿が、「聖学院大学研究叢書」の最初の一冊として出版されるようになったことに対して、それを許可してくださった聖学院理事長の大木英夫先生、大学学長の飯坂良明先生、そして同僚の諸先生方に心から感謝申し上げたい。さらに貴重なアドバイスをくださった図書館長の金子晴勇先生と、実務的なことでお世話になった聖学院大学出版会の山本俊明氏にも、心からお礼を申し上げたい。

二〇〇〇年十一月

イーハトーブの寓居にて
安酸敏眞

人 名 索 引

ア

カ

サ

シュトラウス（Strauss, David Friedrich） 73
シュピース（Spieß, Emil）78
シュライアーマッハー（Schleiermacher, Friedrich Ernst Daniel）15, 25, 53, 69, 71, 79, 86, 100
シュレーゲル兄弟（Schlegel, August Wilhelm von; Schlegel, Karl Wilhelm Friedrich von）71
シラー（Schiller, Johann Christoph Friedrich）71
スピノザ（Spinoza, Baruch）54
ゼーベルク（Seeberg, Erich）77, 99
ゼーリンク（Sering, Max）115
ゼムラー（Semler, Johann Salomo）52, 53
ゾラ（Zola, Émile）120
ソルトマーシュ（Saltmarsch, John）61

タ

高野晃兆　5
高橋義文　201
タキトゥス（Tacitus）106
池　明観　189
チャブ（Chubb, Thomas）73
ツィーグラー（Ziegler, Heinrich）66, 74
ティム（Timm, Hermann）137, 142
ディーム（Diem, Hermann）25
ティリッヒ（Tillich, Paul）13, 91, 101, 191
ディルタイ（Dilthey, Wilhelm）12, 24, 55, 56, 65, 68, 69, 71, 72
デモクリトス（Demokritos）185
テュルゴー（Turgot, Anne Robert Jacques）157
トレルチ（Troeltsch, Ernst）3-5, 7-9, 11-14, 16, 17, 19-27, 51-61, 64-99, 102, 103, 105, 110-112, 115, 119, 128, 129, 137-141, 143, 194, 203, 204
トレルチ（Troeltsch, Marta）77

ナ

永井陽之助　189
中曽根康弘　191
中村　元　191
西尾幹二　194
ニーチェ（Nietzsche, Friedrich）125, 135, 156, 157, 163, 193
ニーバー（Niebuhr, Helmut Richard） 16, 25
ニーバー（Niebuhr, Reinhold）3-5, 7, 9-11, 16-18, 21-23, 26, 27, 112, 145, 147, 155, 157, 166-188, 191, 196, 197, 199-201, 203, 204
西谷幸介　26, 204
ニスベット（Nisbet, H.B.）47
ノヴァーリス（Novalis：本名 Friedrich Leopold von Hardenberg）71

ハ

バイシュラーク（Beyschlag, Karlmann） 29, 30, 47
ハイデッガー（Heidegger, Martin）156, 157, 161, 193, 194
ハイネ（Heine, Heinrich）135, 136, 138, 142
パウク（Pauck, Wilhelm）100
バウマー（Baumer, Franklin Le Van）11, 23, 24
パネンベルク（Pannenberg, Wolfhart） 13, 14, 24, 166, 195
ハーバーマス（Habermas, Jürgen）158, 192, 195
ハーマン（Hamann, Johann Georg）54
バーロン（Baron, Hans）72
バルザック（Balzac, Honoré de）124
バルト（Barth, Karl）13, 14, 25, 78, 97, 99, 195
ハルナック（Harnack, Adolf von）66, 67, 81, 115
ハンチントン（Huntington, Samuel P.） 189
ビスマルク（Bismarck, Otto von）109, 130-132
ヒトラー（Hitler, Adolf）121, 135
ヒューゲル（Hügel, Friedrich von）20, 26, 76
ビルクナー（Birkner, Hans-Joachim）87, 100
ピンカード（Pinkard, Terry）189, 190
ヒンツェ（Hintze, Otto）115
フィヒテ（Fichte, Johann Gottlieb）54, 70
フォックス（Fox, George）73

フクヤマ（Fukuyama, Francis）5，9，145-148，151，153-156，158，166，167，185，187-191，201
プラトン（Platon）151，185
フランク（Franck, Sebastian）4，5，7，8，51-55，61，62，64-69，73，74，204
ブルクハルト（Burckhardt, Jacob）157，163，194
ブルトマン（Bultmann, Rudolf）13，180
プルードン（Proudhon, Pierre-Joseph）157
ブルンナー（Brunner, Emil）13
プレスナー（Plessner, Helmuth）133-135，141
フンボルト（Humboldt, Wilhelm von）31，47，138
ペイター（Pater, Walter）31，47
ヘーグラー（Hegler, Alfred）66-68，73，74
ヘーゲル
(Hegel, Georg Wilhelm Friedrich) 9，15，25，54，71，105-108，136，138，148-155，157，161，188-191，193
ベーメ（Böhme, Jakob）54
ベール（Bayle, Pierre）52，53
ヘルダー（Herder, Johann Gottfried）54，71
ヘルツェン（Herzen, Edmund）192
ベルナルドゥス（Bernard de Clairvaux, St.）59
ベーレンガル（Berengarius Turonensis）41，42
ボシュエ（Bossuet, Jacques Bénigne）157
ホーフマン（Hofmann, Hans）197
ポール（Paul, Garrett E.）79，98，103
ボルングレーバー（Borngräber, Otto）74

マ

マイケルソン（Michalson, Gordon E., Jr.）24
マイネッケ（Meinecke, Friedrich）9，85，100，105，110，115-119，139
マイヤー（Meyer, Arno Heinrich）165
マイヤー（Mayer, Hans）135，142
マルクス（Marx, Karl）108，109，138，154，157，161
マン（Mann, Thomas）9，105，119-133，135，136，138-143
マン（Mann, Heinrich）120
マンスフィールド（Mansfield, Harvey C.）189
水垣　渉　3，4，47
ミュンツァー（Müntzer, Thomas）73
武藤一雄　3
モンテスキュー（Montesquieu, Charles Louis de Secondat）106

ヤ

柳父圀近　110，139
ヤコービ（Jacobi, Friedrich Heinrich）54，71
ヤスパース（Jaspers, Karl）156
ヨアキム（Joachim von Fiore）157

ラ

ライスト（Reist, Benjamin A.）79，99，101
ライプニッツ
(Leibniz, Gottfried Wilhelm) 31，36，47，54，103，117
ライマールス
(Reimarus, Hermann Samuel) 38
ライマン（Reimann, Arnold）74
ラヴァーター（Lavater, Johann Kaspar）54
ラウシェンブッシュ
(Rauschenbusch, Walter) 168
ルクレティウス（Lucretius）185
ルター（Luther, Martin）37，40，51，54，62，69，124-126，135，136，140，142
ル・フォール（le Fort, Gertrud von）75-78，85，97-100，143
ルツ（Lutz, Bernd）191
レーヴィット（Löwith, Karl）5，9，10，13，24，145，155-167，185，187，188，191-196，201
レッシング（Lessing, Gotthold Ephraim）4，5，7，11，14，16，18-24，26，27，29-44，46-49，52，53，69，71，135-138，142，143，203，204
レンツ（Renz, Horst）98

ワ

事 項 索 引

ア行

カ行

サ行

タ行

ナ行

ハ行

マ行

ヤ行

ラ行

ワ行

著者紹介

安酸敏眞　やすかた　としまさ

1952年、鳥取県米子市生まれ。京都大学大学院文学研究科博士課程（キリスト教学専攻)、ならびにヴァンダービルト大学大学院博士課程（キリスト教思想史専攻）修了。日本学術振興会特別研究員、盛岡大学助教授、聖学院大学人文学部助教授を経て現職。Ph.D.(ヴァンダービルト大学)、文学博士(京都大学)。現在、聖学院大学人文学部教授。

〔著書〕*Ernst Troeltsch: Systematic Theologian of Radical Historicality* (Atlanta : Scholars Press, 1986)。『レッシングとドイツ啓蒙』(創文社、1998年)。*Lessing's Philosophy of Religion and the German Enlightenment* (New York : Oxford University Press, 2001)。

〔訳書〕エルンスト・トレルチ『信仰論』(教文館、1997年)。F.W.グラーフ『トレルチとドイツ文化プロテスタンティズム』(共編訳)(聖学院大学出版会、2001年)。

「歴史と探求――レッシング、トレルチ、ニーバー」

2001年３月20日　初版第１刷発行

著　者　安　酸　敏　眞

発行者　大　木　英　夫

発行所　聖学院大学出版会

〒362-8585　埼玉県上尾市戸崎1-1

電話　048-725-9801

E-mail : press@seigakuin-univ.ac.jp

ISBN4-915832-39-2　C3016

ユルゲン・モルトマン研究

組織神学研究第一号

組織神学研究会編

モルトマンは、終末論に基づいた『希望の神学』等で知られるテュービンゲン大学教授。本書は、組織神学研究会の過去一年間の研究成果をまとめた論文集である。バルトとモルトマン／三位一体論、とくに聖霊論の対比／死者の居場所をめぐってなど所収。

A5判並製本体二〇〇〇円

パウル・ティリッヒ研究

組織神学研究所編

二十世紀の思想、美術などに大きな影響を与えたアメリカを代表する神学者、パウル・ティリッヒの思想を現代世界・日本の状況の中で、主体的に受けとめ、新しい神学を構築しようとする意欲的な論文集。

A5上製本体三八〇〇円

パウル・ティリッヒ研究2

組織神学研究所編

現代社会におけるキリスト教の意味を最も体系的に思索したパウル・ティリッヒの主著『組織神学』をその背後にある哲学・思想を明らかにしながら批判的に捉え直す。

A5上製本体三八〇〇円

政治神学再考

プロテスタンティズムの課題としての政治神学

深井智朗著

「政治神学」の定義は無数にあるが、本書は「宗教と国家の関係」という視点からの「政治神学類型論」を試みている。いわゆるコンスタンティヌス体制における宗教と国家との関係における政治神学をタイプAとし、それに対してアングロサクソン世界に展開したプロテスタンティズムの政治神学をタイプBとして、後者のコンテクストで日本における「宗教と国家との関係」の考察を試みている。四六判上製本体二六〇〇円

自由と結社の思想
ヴォランタリー・アソシエーション論をめぐって

J・L・アダムズ
柴田史子訳

アメリカの著名な神学者・社会倫理学者、ジェイムズ・ルーサー・アダムズのヴォランタリー・アソシエーションに関する論文を中心に社会理論・社会倫理に関する主要論文を集める。四六判上製本体三八〇〇円

トレルチとドイツ文化プロテスタンティズム

フリードリヒ・ヴィルヘルム・グラーフ著
深井智朗・安酸敏眞編訳

マックス・ヴェーバーと並び、十九世紀から二〇世紀にかけてのドイツの文化科学、とくに歴史学、また神学思想において大きな足跡を残した、エルンスト・トレルチの思想を、文化史の観点から再評価し、現代における意義を論ずる意欲的な論考。

A5判上製本体四〇〇〇円

正義
社会秩序の基本原理について

E・ブルンナー
寺脇丕信訳

正義とはなにか。実証主義と相対主義の中に国家や法の正義の理念は崩壊したのか。現代社会における正義の原理を考察し、正義が共同社会の中で、いかに適用されるべきかを論じる。A5判上製本体五八〇〇円

近代世界とキリスト教

W・パネンベルク
深井智朗訳

近代世界の成立にキリスト教はどのような役割を果たしたのか。この問いに対して、ウェーバーやトレルチなどの見解が提示されてきたが、現代ドイツ神学者のパネンベルクは、近代世界の成立とキリスト教の関係を積極的に評価し、さらに現代のキリスト教の諸問題を明らかにしている。四六判上製本体二〇〇〇円

光の子と闇の子
デモクラシーの批判と擁護

ラインホールド・ニーバー著
武田清子訳

政治・経済の領域で諸権力が相剋する歴史的現実の中で、自由と正義を確立するためにはいかなる指導原理が必要か。キリスト教的人間観に基づくデモクラシー原理を明確にする。四六判上製本体二一三六円